スポーツでひろげる国際理解 ③

国境をこえるスポーツ

監修：**中西哲生**（スポーツジャーナリスト）

第3巻 国境をこえるスポーツ

　「グローバル化」という言葉があります。2、30年前から、さかんに使われるようになった言葉で、経済や文化などが国境をこえて地球規模で展開していくことをいいます。スポーツは、オリンピックのほか、さまざまな競技で世界大会が開かれるなど、早くから国際化してきました。しかしそれらは、国を単位とするスポーツ組織が手をつないだ発展でした。それに対して近年は、国にこだわらないスポーツのつながりが活発化し、スポーツから国の枠が消えつつあります。スポーツの「グローバル化」とよばれる傾向です。

　スポーツのグローバル化を進めたのは、プロスポーツの発展とスポーツの商業化です。いまやスポーツは巨大産業のひとつにまで成長しました。企業は国の枠をこえて、選手やチーム、スポーツイベントのスポンサーになっています。スポーツ選手たちも国を飛び出し世界を活動の場にするようになってきました。スポーツの商業化は、プロスポーツはもちろん、アマチュアスポーツの世界にもおよんでいます。競技全体はアマチュアでも、有力選手はプロのように競技に専念できる場合が増えてきています。

　第3巻は、今後のスポーツのゆくえを左右する、スポーツのグローバル化と商業化の現状について学びます。

中西哲生
（スポーツジャーナリスト）

もくじ

1章　世界を舞台に戦う

活躍の場を日本から海外へ
- アメリカの大リーグに挑戦 …… 4
- 世界のサッカーに挑戦 …… 6
- 世界の最強リーグに挑戦 …… 8

日本を活躍の場にする
- 日本のリーグへ …… 10

活躍の場は世界中
- 世界各地で試合をするスポーツ …… 12
- 世界を転戦する日本人選手 …… 14

2章　世界でスポーツを学ぶ

世界レベルをめざす

スポーツ留学した日本人 …………… 16
スポーツ留学事情 …………………… 18
本場の育成組織 ……………………… 20
日本へ学びに ………………………… 22

世界のトップをめざす

外国人コーチに学ぶ ………………… 24
ライバル国で強化をはかる ………… 26

3章　スポーツと国際経済

スポーツとスポンサー

大会スポンサー ……………………… 28
企業がスポンサー …………………… 30
外国企業が球団オーナー …………… 32
プロとアマチュアの境 ……………… 34

スポーツとお金の関係

スポーツ中継の売買 ………………… 36
移籍金と優勝賞金 …………………… 38

巨大化する世界大会

大きくふくらむ世界大会予算 ……… 40
ワールドカップ複数国開催の可能性 … 42
1964 から 2020 へ …………………… 44

さくいん ……………………………… 46

コラム

大リーグへの移籍 …………………………… 5
ブンデスリーガで活躍した　奥寺康彦 …… 7
ツール・ド・フランス 7 回完走　新城幸也 … 9
日本人になって競技を続けた　小山ちれ … 11
日本人大リーガー第 1 号　村上雅則 ……… 15
キング・カズ　三浦知良選手の足あと …… 17
「日本のメッシ」久保建英選手はバルサ育ち … 19
18 歳以下国外移籍禁止で様変わり ……… 21
日本育ちの金メダリスト …………………… 23

2020 年を前に外国人指導者ラッシュ …… 25
日本のスポーツ総生産（GDSP）…………… 29
大リーグ「シアトル・マリナーズ」と日本企業 … 33
7 億人が見るワールドカップ決勝 ………… 37
大谷翔平選手が利用した、ポスティング制度 … 39
スポーツの利益が汚職も生む？ …………… 43
最高気温は 21 度と 33 度 …………………… 45
比べてみよう 1964 と 2020 の日本社会 …… 45

活躍の場を日本から海外へ
アメリカの大リーグに挑戦

◀ 2004年6月の野茂英雄投手（ドジャース）と松井秀喜選手（ヤンキース）の対戦。

写真:産経ビジュアル

野球の本場といえばアメリカです。アメリカで最高の地位にある大リーグ（メジャーリーグ）は、いまも世界の野球のトップリーグです。その大リーグの選手の約4分の1をドミニカ、ベネズエラほかの外国人選手が占めています。日本のプロ野球選手のなかにも、世界でトップの大リーグに挑戦する選手が多くなってきました。日本人選手の活躍を見るのは、わたしたちが大リーグの試合を見るときの楽しみのひとつにもなっています。

野茂投手の大活躍

日本人選手の大リーグ挑戦に道をつけたのは野茂英雄投手でした。1995（平成7）年、日本の球団を退団した野茂選手は、日本野球界の応援のないままアメリカに渡りました。日本人で2人目の大リーガーとなった野茂は、その年「NOMO旋風」をまき起こして新人王を獲得し、12年間に年間最多奪三振2回、ノーヒットノーラン2回などを記録、123勝をあげる活躍を見せました。

日本人大リーガーたち

野茂の活躍に、長谷川滋利、伊良部秀輝、佐々木主浩らの投手が続きました。佐々木は「ダイマジン」とよばれ、クローザー（抑え投手）として活躍しました。

日本人には無理といわれてきた野手としての大リーガー1号は、2001年に大リーグ入りしたイチロー外野手でした。初年度から、打撃、守備、走塁のすべてで観客を魅了し、首位打者・盗塁王・MVP・新人王を獲得、多くのファンを獲得します。2004年に大リーグの年間最多安打記録を84年ぶりにぬり替えるなど、イチローは数々の大リーグ記録を打ち立てていきました。イチローは、オールスターゲームに10年連続出場する超一流の大リーガーになりました。

松井秀喜も、多くのファンを獲得した日本人選手のひとりです。名門ヤンキースの主軸として2年連続打率3割を記録するなど活躍しました。ファンから「ゴジラ」とよばれました。

その後は、斎藤隆、岡島秀樹、上原浩治らが、中継ぎや抑え投手として活躍。現在は、ダルビッシュ有、田中将大、前田健太らが、7年間で79勝をあげた黒田博樹に続く先発型投手としてがんばっています。

1章 世界を舞台に戦う

おもな日本人大リーガー
選手名、ポジション、在籍期間（メジャー通算年数）、記事・通算記録など／2017年現在

選手名	ポジション	在籍期間（年数）	記事・通算記録
村上雅則	投手	1964-1965(2)	日本人初の大リーガー。下部組織1Aに野球留学。そこから大リーグへ昇格。5勝。
野茂英雄	投手	1995-2008(12)	球団と折り合えず任意引退、大リーグへ。日本で1億円以上だった年俸は、1年目980万円に。
マック鈴木	投手	1996-2002(6)	日本のプロ野球を経験せずに大リーグに挑戦。4球団で16勝をあげる。
長谷川滋利	投手	1997-2005(9)	初の金銭トレード移籍。頭脳派のセットアッパーとして活躍。28回連続無失点を記録。
伊良部秀輝	投手	1997-2002(6)	三角トレード移籍。98年に13勝をあげ、ヤンキースのWシリーズ制覇に貢献。34勝。
吉井理人	投手	1998-2002(5)	初のFA権行使による移籍。32歳での大リーグ挑戦。32勝。日本人選手初盗塁を記録。
大家友和	投手	1999-2009(10)	横浜時代は1勝しただけの無名選手。自由契約で移籍。下部組織AAからスタートして51勝。
佐々木主浩	投手	2000-2003(4)	ア・リーグ新人王獲得。抑え投手として、4年間で228試合に登板。129セーブ。
イチロー	外野手	2001-	初のポスティングシステム移籍。10年連続200本安打。04年に262安打、打率.372を記録。
新庄剛志	外野手	2001-2003(3)	日本人初の大リーグの4番打者、初のWシリーズ出場選手。20本塁打、100打点。
田口壮	外野手・内野手	2002-2009(8)	日本人初の内野手に。06年カージナルスのWシリーズ優勝に貢献。672試合出場。
松井秀喜	外野手	2003-2012(10)	日本人初のWシリーズMVP。1236試合出場、打率.282、175本塁打、760打点。
斎藤隆	投手	2006-2012(7)	大リーグ屈指の抑え投手として日本以上の活躍をする。21勝84セーブ。防御率2.34。
城島健司	捕手	2006-2009(4)	日本人初の捕手大リーガー。投手のリードに苦労しながらも48本塁打198打点。
松坂大輔	投手	2007-2014(8)	契約金60億円超えの超大型移籍。07年にWシリーズで日本人初の1勝。故障に泣き54勝。
岡島秀樹	投手	2007-2013(6)	07年に中継ぎで27ホールド、レッドソックスWシリーズ制覇に貢献。17勝84ホールド。
黒田博樹	投手	2008-2014(7)	先発投手として5年連続して2桁勝利をあげる。211試合に先発して79勝。防御率3.45。
上原浩治	投手	2009-	抑え投手で13年、レッドソックスのリーグ優勝シリーズMVP、Wシリーズ胴上げ投手に。
岩隈久志	投手	2012-	先発投手として5シーズンで63勝。15年にノーヒットノーランを達成。
ダルビッシュ有	投手	2012-	先発投手として5シーズンで56勝。17年プレーオフ2勝、ドジャースのリーグ優勝に貢献。
田中将大	投手	2014-	ヤンキースの先発投手。4年間で、105試合に先発して52勝28敗、完投5回、完封2回。
前田健太	投手	2016-	2017年にドジャースの29年ぶりのリーグ優勝に貢献。Wシリーズで中継ぎとして4試合に登板。

世界各国の野球リーグへ

日本人選手が挑戦する先は大リーグだけではありません。世界には、たくさんのプロ野球リーグがあります。メキシコ、ドミニカ、ベネズエラ、韓国、台湾などのリーグはよく知られていますが、イスラエル、オーストラリア、南アフリカ、ヨーロッパにもプロやセミプロの野球リーグがあります。アメリカには、大リーグの下にマイナーリーグがあるほか、大リーグとは別の独立リーグもたくさんあります。

そうした大リーグ以外の海外リーグで選手として活躍した人たちも大勢います。韓国や台湾には、1980年代から日本のプロ野球出身選手たちが渡って野球を続けました。中米やヨーロッパ、アメリカのマイナーリーグや独立リーグには、プロ野球経験者だけでなく社会人野球や大学野球出身の選手などが挑戦していきました。好きな野球ができるなら場所は関係ないと、4か国、6か国で野球をした人もいます。選手としてだけでなく、選手兼コーチとして活躍した人もいます。

日本人選手がプレーした海外野球リーグ

大リーグへの移籍

日本のプロ野球選手が大リーグに移籍するには、いくつかの方法があります。①既定の年数（9年程度）を経過した選手が他球団に移れる権利（フリーエージェント権）を使う、②移籍先球団に請求する譲渡金の金額を所属球団が公開し、それに応じた大リーグ球団と移籍希望選手との交渉を認める制度（ポスティングシステム）を使う、③所属球団に契約を解いてもらい、選手が大リーグ球団と直接交渉する（自由契約）、④所属球団が大リーグ球団と交渉して、金銭や相手側選手との交換で移籍を認める（トレード）などです。

活躍の場を日本から海外へ

世界のサッカーに挑戦

サッカー選手は、つねに技術レベルの高い人たちとゲームをすることで、自分をレベルアップさせたいと願っています。世界の一流選手たちとゲームで競い合うことをもとめて、大勢のサッカー選手が海外のよりレベルの高いリーグに移籍していきました。

1998年9月、サッカーセリエAペルージャ対ユベントス戦の後半、初シュートを決める中田英寿選手。
写真：産経ビジュアル

イタリア、セリエAへ

日本人選手に海外移籍の道が開かれたのは、Jリーグができて海外の選手やコーチが来日するようになり、日本代表がワールドカップ本大会に出場するようになってからでした。

先頭を切ったのは、1998（平成10）年の中田英寿のセリエA（イタリア）移籍でした。リーグ下位のペルージャに移籍した中田は、1年目に10得点をあげる活躍を見せました。記念試合の世界選抜に何度も選ばれた中田は、世界の一流選手の仲間入りを果たします。

2002年にイタリアへ渡りセリエAでの活躍が評価された中村俊輔は、スコットランドの強豪セルティックに移籍、クラブを2年連続リーグ優勝に導き、リーグ年間MVPに輝きました。

世界で競い合う日本人選手

その後海外に移籍した日本人選手のなかから、フェイエノールト（オランダ）の小野伸二、ドルトムント（ドイツ）の香川真司、レスター（イングランド）の岡崎慎司など、チームの優勝に貢献して地元サポーターから愛される選手が次々現れるようになりました。いまは日本代表に選ばれる

日本人サッカー選手の海外でのおもな活躍
（同一リーグのリーグ戦100試合以上出場が目安／2017年現在）

	選手名	ポジション	在籍期間	試合数
ドイツ（ブンデスリーガ）	奥寺康彦	FW/MF	1977-81、81-86	234
	高原直泰	FW	2002-08	135
	長谷部誠	MF/DF	2007-	236
	内田篤人	DF/MF	2010-17	104
	岡崎慎司	FW	2010-15	128
	香川真司	MF	2010-12、14-	127
	酒井高徳	DF/MF	2011-	142
	清武弘嗣	MF/FW	2012-16	117
	安藤梢	FW	2009-17	145
イタリア（セリエA）	中田英寿	MF	1998-2005	182
	森本貴幸	FW	2006-13	104
	長友佑都	DF	2010-	175
オランダ（エールディヴィジ）	小野伸二	MF	2001-06	112
	ハーフナー・マイク	FW	2011-14、15-17	137
フランス（リーグ・アン）	松井大輔	MF/FW	2005-10、11-12	148
	宇津木瑠美	MF	2010-16	101
イングランド（プレミア）	吉田麻也	DF	2012-	105
スイス（スーパーリーグ）	久保裕也	FW	2013-17	104
スコットランド（プレミア）	中村俊輔	MF	2005-09	128
ルーマニア（リーガ1）	瀬戸貴幸	MF	2009-17	237
ハンガリー（NB1）	本間和生	FW	2005-06、07-12	118
ベルギー（ジュピラー）	川島永嗣	GK	2010-15	121
アメリカ（MLS）	木村光佑	DF	2007-13	158
	小林大悟	MF	2013-17	113
インドネシア（プレミア）	足立原健二	FW	2009-14	133
シンガポール（Sリーグ）	下野淳	MF	2009-15	177
	鈴木ブルーノ	FW	2010-11 2013-15	125
	乾達朗	FW/MF	2010-13 2015-16	155
タイ（タイプレミアリーグ）	猿田浩得	MF/FW	2009-14	120

選手の多くを海外でプレーする選手が占めています。そのほか、ヨーロッパ各国の2部リーグ3部リーグにも大勢の日本人選手がいます。オーストラリアやアメリカ、南米やアジアのリーグで活躍する日本人選手もたくさんいます。

また女子選手にも、澤穂希・川澄奈穂美・宮間あや（アメリカ）、永里優季・岩渕真奈・横山久美（ドイツ）、熊谷紗希（フランス）のように、海外でのプレー経験がある選手が増えています。

1章　世界を舞台に戦う

日本の選手が海外移籍するには

ひとつは日本の所属クラブとの契約を解消して海外のクラブと新しく契約を結ぶ方法で「完全移籍」とよばれます。海外クラブは、選手に払う年俸とは別に、所属クラブに移籍金を払うことになります。所属クラブとの契約はそのままにして、期限付きで海外クラブに移る場合を「レンタル移籍」といいます。所属クラブに同じタイプの選手が複数いて出場機会の少ない選手などに用いられます。移籍金はありません。レンタル移籍の選手が高く評価されて完全移籍になる場合もあります。クラブとの契約が切れている場合は、「フリートランスファー」といって、移籍金なしで自由に移籍できます。

日本人選手がいるおもな海外サッカーリーグのある国

世界の強豪サッカーリーグ ベスト10

全体順位	リーグ	国名
1	リーガ・エスパニョーラ	スペイン
2	セリエA	イタリア
3	ブンデスリーガ	ドイツ
4	プリメーラ・ディビシオン	アルゼンチン
5	リーグ・アン	フランス
6	カンピオナート・ブラジレイロ・セリエA	ブラジル
7	プレミアリーグ	イングランドウェールズ
8	プリメイラ・リーガ	ポルトガル
9	ジュピラー・プロ・リーグ	ベルギー
10	ロシア・プレミアリーグ	ロシア
⋮		
33	Jリーグ	日本

（国際サッカー歴史統計連盟2015年）

ブンデスリーガで活躍した　奥寺康彦（1952年～）

初めてヨーロッパのクラブでプレーしたサッカー選手は奥寺康彦でした。1977（昭和52）年のことです。当時の日本は、実業団チームが集まる日本サッカーリーグの時代で、ドイツ・ブンデスリーガの1.FCケルンと契約した奥寺は、日本人初のプロサッカー選手ともいわれています。1.FCケルンのリーグ優勝に貢献、ヘルタ（2部）を経てブレーメンでも活躍した奥寺は、ドイツで9シーズンを送り、1部リーグだけでも234試合に出場して26得点をあげました。2017年、奥寺は日本人として初めて「ブンデスリーガ・レジェンド」に選ばれています。

▲ 1978-79年シーズンをブンデスリーガの1.FCケルンで戦う奥寺康彦選手（右）。相手チームはフォルトゥナ・デュッセルドルフ。

写真：アフロ

活躍の場を日本から海外へ
世界の最強リーグに挑戦

海外リーグに挑戦するのは、野球やサッカーの選手だけではありません。さまざまな競技の選手たちが、世界のトップレベルをめざして海外に渡っています。プロの選手だけでなく、日本では実業団チームで活動している選手も、世界のプロリーグに挑んでいます。

チャレンジャーたち

ハンドボール

2009（平成21）年、ハンドボールの日本代表選手宮崎大輔が、世界最強リーグのひとつスペインリーグに移籍しました。ハンドボールの日本代表は、1988（昭和63）年以来オリンピックに出場できず、世界選手権でも10位以上になったことがありません。宮崎の海外移籍は、日本のトップ選手が世界の最強リーグに挑戦したことで話題になりました。いまもスペイン・ドイツ・フランス・デンマーク・ハンガリーなどの1部リーグ・2部リーグで、男子・女子の日本人ハンドボール選手たちがチャレンジを続けています。

海外リーグに挑戦したおもなハンドボール選手

選手名	移籍期間	移籍先
田場裕也	2002－2005	フランス
宮崎大輔	2009－2010	スペイン
銘苅淳	2012－2017	ハンガリー、スペイン
土井杏利	2013－	フランス
石立真悠子	2014－2017	ハンガリー
池原綾香	2017－	デンマーク

▼ハンドボールのスペインリーグで活躍した宮崎大輔選手

写真：アフロ

バレーボール

バレーボールの海外挑戦のパイオニアは、1995（平成7）年にイタリアのセリエAに挑戦した吉原知子と大林素子。セリエAは世界トップリーグのひとつです。男子では2002年の加藤陽一の移籍が最初です。最近では、木村沙織のトルコリーグでの活躍や石川祐希のセリエAでの活躍が知られています。異色の経歴の選手は、アメリカで生まれ、6歳で帰国して中学から大学まで日本のバレーボール選手だったヨーコ・ゼッターランド（堀江陽子）です。大学を卒業した1991年に渡米して、アメリカの女子代表チームに入りました。アメリカ代表として2度オリンピックに出場、1996年に帰国して日本の実業団チームに入団しています。

海外リーグに挑戦したおもなバレーボール選手

選手名	移籍期間	移籍先
加藤陽一	2002－2005	イタリア、ギリシャ、フランス
石川祐希	2014、2016	イタリア
吉原知子	1995	イタリア
大林素子	1995	イタリア
佐野優子	2004－2006 2010－2013	フランス アゼルバイジャン、トルコ
狩野舞子	2010－2012	イタリア、トルコ
木村沙織	2012－2014	トルコ

ラグビー

日本のラグビー選手の海外挑戦が活発になってきたのは、日本が歴史的な活躍を見せた2015（平成27）年のワールドカップ前後からです。ラグビーの本場、ニュージーランドやオーストラリア、イングランドなどの強豪プロチームと契約する選手が増えてきました。海外に渡って日本人

1章 世界を舞台に戦う

初のプロラグビー選手となったのは、1999（平成11）年にフランス2部リーグに入った村田亙です。2013年、日本代表のスクラムハーフ田中史朗が、ニュージーランドのプロチームと契約し、南半球選手で構成された世界最高レベルのスーパーラグビーというリーグの舞台に立ちました。いまは多くの代表選手で「サンウルブス」というチームをつくり、2019年のワールドカップ日本大会にむけて、スーパーラグビーで腕をみがいています。

海外リーグに挑戦したおもなラグビー選手

選手名	移籍期間	移籍先
村田亙	1999-2001	フランス
吉田義人	2000-2001	フランス
田中史朗	2013-2016	ニュージーランド
リーチマイケル	2013、2015-2017	ニュージーランド
五郎丸歩	2016-2017	オーストラリア、フランス

バスケットボール

2004（平成16）年、バスケットボール選手田臥勇太がアメリカNBAのチームと契約して、大きなニュースになりました。NBAは、それまで日本人には手がとどかない世界最高のプロバスケットリーグでした。田臥のNBAトップリーグでの出場は、残念ながら4試合に止まりました。それでも田臥は、NBAのコートに立ったただ1人の日本人プレーヤーです。女子では2015年に渡嘉敷来夢が、萩原美樹子、大神雄子に次ぐ、3人目のWNBAプレーヤーとなりました。このほかにも、アメリカの独立リーグに籍を置く選手、アメリカの大学にスポーツ留学している選手など、NBAやWNBA、日本のBリーグでの活躍を夢見て、海外でプレーを続ける若い男女のバスケットボール選手は大勢います。

海外リーグに挑戦したおもなバスケットボール選手

選手名	移籍期間	移籍先
田臥勇太	2003-2008	アメリカ
萩原美樹子	1997-1998	アメリカ
大神雄子	2008-2009、2013	アメリカ、中国
渡嘉敷来夢	2015-	アメリカ

アイスホッケー

2007（平成19）年、アイスホッケーのゴールキーパー福藤豊は、日本人選手として初めて、カナダとアメリカでつくる世界最高リーグNHLのリンクに上がりました。2002年にアメリカの地方リーグに入った福藤は、2005年になってNHLのチームとプロ契約を結ぶことができました。福藤は、NHLでプレーしたただ1人の日本人選手です。いまも多くの日本人選手が、NHLをめざして、アメリカのジュニアリーグや北欧のリーグで技術をみがいています。女子のアイスホッケー選手では、久保英恵と近藤陽子が2005年にカナダに渡り、北米女子リーグのNWHLでプレーをしました

海外リーグに挑戦したおもなアイスホッケー選手

選手名	移籍期間	移籍先
福藤豊	2002-2010、2014-2015	アメリカ、オランダ、デンマーク
久保英恵	2005-2006	カナダ
近藤陽子	2005-2006	カナダ

ツール・ド・フランス7回完走　新城幸也（1984年～）

自転車競技で最も人気が高いロードレース。ロードレーサーとしてフランス留学も経験した新城幸也は、2008（平成20）年、国際自転車競技連合（UCI）のレースに参戦するフランスのプロサイクリングチームに所属してプロツアー選手になりました。翌年、ロードレースの最高峰「ツール・ド・フランス」に出場すると（日本人では2人目）、これまでいくつかチームを移りながら世界と日本のレースを戦い続けてきました。日本代表としてリオ・オリンピックにも参加、現在は、イタリアなど10か国ほどのメンバーからなるバーレーンのチームに所属しています。

日本を活躍の場にする
日本のリーグへ

海外リーグに挑戦する日本人選手がいれば、日本を活躍の場としてやってくる外国人スポーツ選手もいます。野球やサッカーのようなチームに加わるのではなく、あくまで1人のスポーツ選手として活躍の場を日本にもとめた外国人選手たちを紹介しましょう。

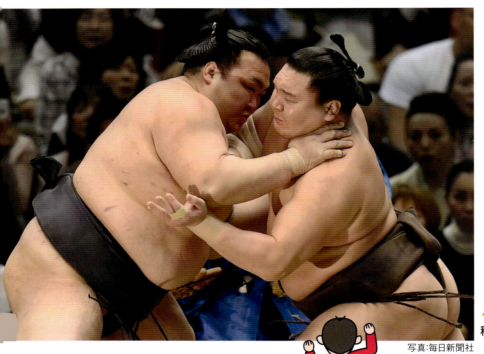

◀2016年大相撲春場所11日目。稀勢の里（左）を攻める白鵬。
写真：毎日新聞社

大相撲の外国人力士

日本の伝統的プロスポーツの大相撲。「関取」とよばれる十両以上の力士は70人ほどですが、2017年現在、そのうちの約4分の1が外国出身力士です。多いのはモンゴル出身者です。そのほかに、ロシアの南のジョージア、東ヨーロッパのブルガリア、それにブラジル・中国・エジプト出身の力士がいます。ほぼ日本人だけだった大相撲の世界に、初めて外国人力士として登場して話題になったのは、1968（昭和43）年に幕内入りしたハワイ出身の高見山でした。1990年代は、小錦・曙・武蔵丸などハワイ出身力士の大関や横綱が、貴乃花・若乃花と競いながら活躍しました。

モンゴル人力士の活躍

モンゴル人力士の誕生は、1991（平成3）年に相撲部屋の親方が、モンゴルで新弟子を公募し、のちの旭鷲山ら6人の少年を来日させたことから始まりました。モンゴルには「ブフ（モンゴル相撲）」という相撲によく似た格闘技があります。土俵がなくルールもちがいますが、大変人気のあるモンゴルの国技です。日本人親方のスカウトや

大相撲のおもな外国人力士

力士名	在籍時期	出身地	最高位	優勝
高見山	1964－1984	ハワイ	関脇	1回
小錦	1982－1997	ハワイ	大関	3回
曙	1988－2001	ハワイ	横綱	11回
武蔵丸	1989－2003	ハワイ	横綱	12回
旭鷲山	1992－2006	モンゴル	小結	
旭天鵬	1992－2015	モンゴル	関脇	1回
朝青龍	1999－2010	モンゴル	横綱	25回
朝赤龍	2000－2017	モンゴル	関脇	
黒海	2001－2012	ジョージア	小結	
隆の山	2001－2014	チェコ	前頭12	
白鵬	2001－	モンゴル	横綱	40回
日馬富士	2001－2017	モンゴル	横綱	9回
鶴竜	2001－	モンゴル	横綱	3回
琴欧州	2002－2014	ブルガリア	大関	1回
時天空	2002－2016	モンゴル	小結	
蒼国来	2003－	中国	前頭2	
把瑠都	2004－2013	エストニア	大関	1回
玉鷲	2004－	モンゴル	関脇	
臥牙丸	2005－	ジョージア	小結	
栃ノ心	2006－	ジョージア	関脇	
魁聖	2006－	ブラジル	関脇	
碧山	2009－	ブルガリア	関脇	
照ノ富士	2011－	モンゴル	大関	1回
大砂嵐	2012－	エジプト	前頭1	

1章 世界を舞台に戦う

先輩モンゴル人力士の誘いに応じて、少年たちが次々やってくるようになりました。大横綱となった白鵬などモンゴル人力士たちの活躍で、大相撲はモンゴルでも人気になっているようです。

外国人力士が増え、貴乃花の引退以降は、外国人力士の優勝が多くなっています。2002年、相撲協会は、外国人力士を1部屋1人に制限することにしました。

活躍する韓国人プロゴルファー

近年、日本のゴルフツアーでの韓国人選手の活躍がめだちます。2010（平成22）年の日本国内ツアーの賞金王は、男子が金庚泰、女子がアン・ソンジュで、ともに韓国人選手でした。その後、男子では裵相文、女子では全美貞とイ・ボミが賞金王になっています。韓国人選手の日本ツアー参戦の先駆者は、1996年から2003年まで毎年のように賞金ランキングトップ10入りした具玉姫でした。韓国人選手が日本ツアーに来るようになったのは、日本ツアーの試合数や賞金額、ゴルフ環境などが韓国よりよかったからだといわれています。

日本ツアーを経験してさらにアメリカのゴルフツアー（PGA）に挑戦する選手もいます。

台湾・中国のゴルファーも

日本のゴルフツアーには、韓国人選手だけでなく、オーストラリアの選手も多く、台湾や中国、タイなどの選手もいます。台湾出身選手は、韓国人選手よりずっと早くから日本国内でプレーしていました。1960年代に活躍し多くの日本人プレーヤーに影響を与えた陳清波、1980年代に女子ツアー58勝をあげ7回も賞金王を獲得した涂阿玉は、日本ゴルフへの貢献も大きく、日本プロゴルフ殿堂入りしています。台湾人選手では、2013年以降女子ツアー15回の優勝を数えるテレサ・ルーの活躍もめだっています。アメリカの女子ゴルフツアー（LPGA）を活動の中心にしている世界的女子ゴルファー、フォン・シャンシャン（中国）は、日本ツアーにも参加して5勝をあげています。

▲日本で活躍中のイ・ボミ選手（韓国）。2017年6月千葉県でのトーナメント。
写真：産経ビジュアル

日本人になって競技を続けた 小山ちれ（1964年～）

小山ちれは、活動の舞台を中国から日本に移した中国出身の卓球選手です。1988（昭和63）年の国際卓球連盟（ITTF）ランキングで世界1位だった何智麗（いまの小山ちれ）は、理不尽な理由で中国の代表選手に選ばれなかったことをきっかけに中国卓球界を引退、翌年日本人の卓球コーチと結婚して来日しました。日本で卓球を再開し、日本の国籍を取得した小山は、以後、全日本卓球選手権大会のシングルスで8度優勝し、1994（平成6）年のアジア大会では当時世界ランキング1位の中国選手を破ってシングルスで優勝しました。1996年と2000年のオリンピックで、小山は日本代表を務めています。

活躍の場は世界中

世界各地で試合をするスポーツ

　世界中を旅するスポーツ選手がいます。テニスやフィギュアスケート、スキー、ゴルフ、自動車レースのF1（フォーミュラ・ワン）などの「世界ツアー」に出場する選手たちです。
　これらのスポーツでは、さまざまな国で毎週のように試合が行われるため、選手は1年のうち半分以上も海外で過ごすことになります。
　野球やサッカーなどで海外移籍をして外国でプレーする選手も増えましたが、そのほとんどはひとつの国のなかを移動し、少なくともシーズンの半分は自宅（拠点、本拠地）に帰ることができます。しかし、世界ツアーの選手たちは、何か月も旅に出たまま、ホテル暮らしをしながら練習し、試合に出場しているのです。ほんとうにすごい！

2016-17 ノルディック複合ワールドカップオスロ大会で、渡部暁斗選手が優勝

写真：アフロ

ツアー戦、最多はテニス

　世界ツアーで、もっとも大会数が多いのはテニスです。テニスはグランドスラム（世界4大大会＝全豪、全仏、全英、全米）のほかに、男子は男子プロテニス協会（ATP）主催の大会が68大会、女子は女子テニス協会（WTA）の大会が59大会開かれます（2017年）。1年は52週ですから、当然すべての大会には出られません。
　大会には、それぞれランクがあって、優勝賞金や優勝者にあたえられるランキングポイントがちがいます。選手たちは、大会に出場してポイントを積み上げていくのです。世界ランキングの順位にしたがって招待されたり、下位の選手は自分で予選を勝ち上がって出場したりすることになります。
　錦織圭選手などトップランクの選手の場合は、コンディションに問題がなければ、1年間に20あまりの大会に出場します（2017年の錦織選手は負傷のために13大会でした）。
　テニスのシーズンは1月から11月。世界ランキング8位以上は12月なかばまで試合があります。ひとつの大会は決勝戦まで1週間から数日かかります。グランドスラムは約2週間です。選手は数日前には現地入りしてコンディションをととのえます。

1章　世界を舞台に戦う

写真：アフロ

ピット前のF1レーシングカーとタイヤを交換するメカニックたち。レース中ピット作業をするメカニックは20人ほどですが、裏方をふくめもっと大勢のメンバーがチームを組んで世界を転戦します。写真は練習中のルノー・スポルトF1チーム。ドライバーはロバート・クビサ（2017年8月、ハンガリー）。

F1世界選手権の開催地と開催日（決勝）／2017年

ウインタースポーツは4か月半

　スキーやスケートのワールドカップは、11月なかばから3月末まで4か月半にわたって開かれます。サッカーのワールドカップは4年に1回ですが、スキーやスケートのワールドカップは1年に約20回開催され、各大会のポイントを合計して年間総合優勝が決まりますから、世界ツアーに出場する日本人選手は冬のあいだ、ほとんど日本には帰りません。

　この期間、アルペンスキーの回転や滑降などの選手は、北アメリカからヨーロッパ、アジアにまたがっておよそ30の大会を戦います。ワールドカップが20戦あまり、ほかに世界選手権などがあります。ノルディックのジャンプと距離・複合の選手は、おもにヨーロッパを転戦します。夏休みにはヨーロッパや南半球などで合宿を行っています。

　フィギュアスケートは、10月からグランプリシリーズが始まります。12月のグランプリファイナルをふくめて7大会あります。1月以降は各大陸（地域）の大会があり、3月末の世界選手権まで、これも半年間のシーズン・スポーツです。

F1は、数千人が集団移動

　自動車レースのF1（フォーミュラ・ワン）も、1年の4分の3にわたって世界中を転戦します。レースは毎年、3月のオーストラリアから11月のブラジルまで約20レース行われます。

　出場するのは10チーム、ドライバーは20人ですが、メカニック（整備士）などの現場スタッフだけで100人弱、さらにスタッフの食事を作るスタッフなどで、1チームは数百人にもなるといいます。運ぶ荷物は（車体本体をふくめ）、航空便だけで25～30トン。これ以外に船便で200トンもの資材を数か月前に発送します。もちろん何がどこに入っているか数万点のリストも作ります。F1は「ドライバーが速い」だけでは勝てないのです。

活躍の場は世界中
世界を転戦する日本人選手

世界各地を移動しながら外国選手と戦う日本人選手たち。言葉や食べ物に苦労するだけでなく、お金もかかります。たくさんの重い荷物をかついでの転戦は、世界に挑戦するスポーツ選手たちのなかでも最も厳しい戦いのひとつです。

勉強道具でカバンが重い
——高梨沙羅

スキージャンプの高梨沙羅選手は中学生のときから国際試合に出場していますが、悩んだのが勉強との両立。がんばり屋さんで、教科書・参考書などを持って世界中を回っていたので、「沙羅のカバンは重い」といわれました。

その結果、高校2年生で大検（大学入学資格検定）に合格し、高校を卒業しなくても大学入学を認めてもらえる「飛び級」制度で、日本体育大学に進学しています。

高梨選手がワールドカップに本格的に参戦したのは2011（平成23）年。15歳のときでした。2017年までの6シーズンで4回も総合優勝し、天才少女とよばれました。

2014年のソチ・オリンピックでも金メダル確実といわれました。ところが、本番ではまさかの4位。このときは高梨選手のときだけ不利な風が吹くという不運でした。何日も眠れない夜が続いたという高梨選手は「オリンピックのプレッシャーは特別でした」とふり返っています。

ソチの結果は「不運」ではなく、精神的重圧に負けたものと考え、その後は弱点の克服に努力しました。栄養士についてもらっての食事の改善、スナック菓子と炭酸飲料の禁止、練習・試合前の

ワールドカップジャンプ個人戦で通算50勝を達成した高梨選手（2017年1月、ルーマニア）

写真：共同通信社/アマナイメージズ

高梨沙羅選手の2013-14年シーズンのワールドカップとソチ・オリンピック

開催日	開催地	成績
12.7	リレハンメル（ノルウェー）	1位
12.21	ヒンターツァルテン（ドイツ）	1位
12.22	ヒンターツァルテン（ドイツ）	1位
1.3	チャイコフスキー（ロシア）	1位
1.4	チャイコフスキー（ロシア）	3位
1.11	札幌（日本）	1位
1.12	札幌（日本）	1位
1.18	山形・蔵王（日本）	1位
1.19	山形・蔵王（日本）	1位
1.25	プラニツァ（スロベニア）	2位
1.26	プラニツァ（スロベニア）	2位
2.1	ヒンツェンバッハ（オーストリア）	1位
2.2	ヒンツェンバッハ（オーストリア）	1位
2.11	ソチ・オリンピック（ロシア）	4位
3.1	ルシュノフ（ルーマニア）	1位
3.2	ルシュノフ（ルーマニア）	1位
3.8	オスロ（ノルウェー）	1位
3.15	ファルン（スウェーデン）	1位
3.22	プラニツァ（スロベニア）	1位

1章　世界を舞台に戦う

▶ 1975年5月、ウィンブルドン大会女子ダブルスで沢松和子（中央）・アン清村（右）組が優勝。テニス4大大会の日本女子選手初のタイトル獲得となりました。

写真：AP/アフロ

入念な準備、ジャンプ台や地形などの観察、毎日の練習と試合を詳細に記録、大学でジャンプ以外のスポーツにも挑戦——など。気持ちを切り替え、メリハリをつけるために、お化粧もするようになりました。

「できることはなんでもしたい。大きな大会でベストの力が出せるように」

天才少女は努力型の選手に生まれかわろうとしています。

女子プロ選手第1号　沢松和子さん

日本の女子選手でプロ第1号は、テニスの沢松和子さんだといわれています。テニスの4大大会で日本人として初めて優勝したのも沢松さんでした。

沢松さんは、日本からヨーロッパまで30時間もかかる時代、世界に挑戦しました。日本国内では1967（昭和42）年から1975年まで無敵の192連勝でしたが、世界ではなかなか勝てませんでした。「もう来年はこの舞台にもどって来たくない」と思うほど、くやしい思いをしました。しかし初挑戦から3年後、1970年のウィンブルドン（全英オープン）女子ダブルスで、姉の順子さんと組んでベスト8まで進みました。73年の全豪オープンではベスト4（シングルス）に、そして75年のウィンブルドン女子ダブルスで優勝。このときのパートナーは、日系アメリカ人のアン清村選手でした。

同じ1975年の全米オープン女子シングルスでベスト8になったのを最後に、現役を引退しましたが、沢松さんの活躍で日本中がテニスブームにわきました。最近の錦織圭選手らの活躍の背景には、こうした先駆者の存在があったのです。

日本人大リーガー第1号　村上雅則 (1944年～)

沢松さんのテニスの世界挑戦より少し前、野球で世界に挑戦し、アメリカ大リーグの日本人選手第1号となったのが、元サンフランシスコ・ジャイアンツの村上雅則さんでした。

村上投手は高校卒業後、南海ホークス（現ソフトバンク）に入団。2年目の1964（昭和39）年、20歳のとき、アメリカ研修（野球留学）に派遣されました。

マイナーリーグで3か月間の予定でした。しかし、左投げサイドスローという変則投法が注目され、いきなり大リーグに昇格。2シーズンにわたり、おもに中継ぎで54試合に登板、通算5勝1敗、100奪三振という成績を上げました。

「マッシー」とよばれた村上選手は、スクリューボールが「誰も打てない魔球」として伝説の選手になりました。もっとアメリカでプレーしたいと考えたようですが、南海ホークスも村上さんを手放すのが惜しくなり、帰国を命じたそうです。

現在の日本人選手の活躍は、村上雅則さんや野茂英雄さんという開拓者がいてこそなのです。

世界レベルをめざす
スポーツ留学した日本人

日本よりも強い国できたえたい、すぐれた指導者に教えてもらいたい、よい環境でトレーニングしたい──などの理由で、海外にスポーツ留学した選手たちがたくさんいます。

1990年代まではスポーツ留学といえば、サッカー（ブラジルやドイツ）やスキー（ヨーロッパ、カナダ）などが中心でしたが、最近ではテニスやゴルフ、ラグビー、ダンス、フィギュアスケートなど、種類も多くなっています。

ブラジルに留学した三浦知良

サッカー界では、ブラジルやドイツが留学先として有名です。最近ではイギリス、スペイン、セルビアなどドイツ以外のヨーロッパも増えてきました。

ブラジルへのサッカー留学で最初の例は、水島武蔵さん。1975（昭和50）年、10歳のときにサンパウロFCの下部組織に入団、現地の学校に通いながらサッカーを学びました。のちにブラジルでプロとして活躍しています。

その7年後の1982年にブラジルに渡ったのが、のちに「カズ」のニックネームで、エースとして日本サッカー界を引っ張ることになる三浦知良選手でした。1年生の途中で高校を中退しての留学でした。2年後には、兄の泰年さんも高校を卒業して渡っています。2人はブラジルのサッカークラブの下部組織で技術をみがきました。

ブラジルでプロサッカー選手に

1986年、兄の泰年は帰国して日本のクラブに入団しますが、知良はブラジルの名門クラブ・サントスFCとプロ契約を結びました。1990年まで5つのクラブで、1部リーグ通算32試合5得点をあげました。試合で活躍する日本人選手「カズ」の顔と名前は、ブラジルで広く知られました。カズは、日本代表になることをめざし、開幕が3年後にせまったJリーグで戦う道を選んで、1990（平成2）年に帰国しました。

三浦知良選手は50歳をこえても現役でプレーを続けています。

写真:産経ビジュアル

▶ 2017年3月、J2のザスパクサツ群馬戦で、Jリーグ最年長ゴール記録を更新した横浜FCの三浦知良選手(50歳)。Jリーグ通算ゴール数は163ゴールとなりました。

2章　世界でスポーツを学ぶ

中学生でフロリダに──錦織圭

テニスの錦織圭選手は13歳のとき、アメリカ・フロリダ州のIMGのテニスアカデミーに留学しました。アンドレ・アガシ、マルチナ・ヒンギス、マリア・シャラポワなど世界的な有名テニス選手の半分以上はここの卒業生ともいわれる、とてもレベルの高いテニススクールです。IMGアカデミーは、テニス以外にもゴルフやバスケットなど多くのスポーツ選手を養成している総合スポーツ教育施設です。学校のなかにジュニアとトップというふたつのカテゴリーがあり、錦織選手は15歳でトップに昇格、17歳で卒業してプロ選手になりました。

この期間、錦織選手はおもにアメリカに住みながら、日本の中学校と高校を卒業しています。選んだ学校は、出席の基準がゆるやかで、試験の代わりにレポート提出で単位を認めてくれる通信制のある私立の中学・高校です。

留学先の国籍を取ってオリンピックに

フィギュアスケートの川口悠子選手（千葉県・市立船橋高校卒）は、16歳のときに長野オリンピックで見たロシア人ペアに感動し、同じコーチのもとで練習したいと留学を決意しました。最初は断られたものの、2年かけて説得、受け入れてもらうことになりました。

2010年2月、バンクーバー・オリンピックで演技する川口悠子・アレクサンダー・スミルノフ組。
写真：アフロ

川口選手はロシア人の男子選手とペアを組み、ヨーロッパ選手権で優勝、世界選手権で3位になるなど活躍しました。しかし、オリンピックには出場できませんでした。オリンピックは出場資格をパスポートで確認する「国籍主義」なので、ペアの男女の国籍が異なる場合、どちらの国の代表にもなれないのです。そのため川口選手はロシア国籍をとり、2010年のバンクーバー・オリンピックではロシア代表として出場しています。

キング・カズ　三浦知良選手の足あと

年	できごと
1967	静岡県静岡市で生まれる（2月26日）
1982	プロを夢見て、1人でブラジルに旅立つ（15歳）
1986	ペレが在籍した名門のサントスFCと契約（18歳）
1988	プロ初得点を決める（21歳）
1990	読売クラブに入団。初の日本代表デビュー（23歳）
1992	日本のアジアカップ初優勝に貢献する（25歳）
1993	日本初のプロサッカーリーグ「Jリーグ」の開幕戦に出場（26歳）／アメリカワールドカップの最終戦でイラクと引き分けて出場を逃す（26歳）
1994	イタリアのセリエAのジェノバに移籍する（27歳）
1995	Jリーグのヴェルディ川崎に復帰する（28歳）
1998	フランス・ワールドカップの代表メンバーから落選する（31歳）
1999	クロアチアのザグレブに移籍する（31歳）
2000	Jリーグのヴィッセル神戸に移籍する（33歳）
2005	JリーグのFC横浜に移籍する（38歳）／オーストラリアのリーグに短期移籍する（38歳）
2011	東北地方太平洋沖地震復興チャリティーマッチに出場する（44歳）
2015	タイで開催されたフットサルのワールドカップに出場する（45歳）
2017	Jリーグ史上初めての50歳でのゴールを決める。左ページの写真（50歳）

50歳ですごいね！

世界レベルをめざす
スポーツ留学事情

さまざまな分野で海外にスポーツ留学する選手たちがいます。世界レベルの選手になりたい、日本でもできないわけじゃないけどやっぱり「本場」で学びたい、とにかくそのスポーツが好きだから――などというのが共通した理由です。

最近のスポーツ留学

たとえば、カナダには高校に通いながら、アイスホッケーやスノーボードなどの練習ができる「スポーツアカデミー」があります。同じような施設がニュージーランドにもあり、そこではラグビーが学べます。

アメリカなどのスポーツの強い大学に進学するという方法もあります。その場合は、まず英語圏の大学進学予備テスト（TOEFL）に合格するか、現地の英語学校に通う必要があります。大学への留学は、入学できたとしても勉強の成績がよくないと試合に出られないこともあるため、日本の大学よりも厳しい環境に身を置くことになります。

学校に通いながらスポーツもする正式のスポーツ留学のほかに、数週間から数か月、1年間だけといった「短期留学」もあります。この場合は、すぐに日本に帰れるので気分的には楽です。

留学先を紹介してくれる会社

最近は、留学先を紹介する会社が日本国内にたくさんあります。留学費用は、研修程度の数週間の短期留学で30万から50万円ほど、1年間の留学は250万から500万円かかるところが多いようです。現地で学生寮に入って食費・住居費をおさえられれば、いくらか安くすみます。

しかし、ときどき「お金だけ取って留学の世話をしない」「行ってみたら下宿では食事が出なかった」などの悪質な留学あっせん業者もいるので注意しましょう。

また「施設がきちんとしていない」「いい指導者がいない」などトレーニング上のトラブルも起

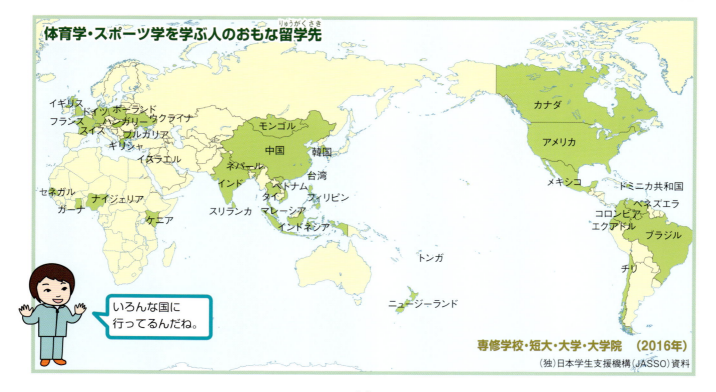

体育学・スポーツ学を学ぶ人のおもな留学先

いろんな国に行ってるんだね。

専修学校・短大・大学・大学院　（2016年）
（独）日本学生支援機構（JASSO）資料

2章　世界でスポーツを学ぶ

きています。「余分なお金を請求された」「食事がまずい」「練習場と滞在先がはなれすぎている」といった生活上のトラブルもあります。交通事故や盗難の心配もあります。トラブルにあわないように気をつけたいものです。

それでも、日本とちがった環境で、スポーツやなにかの目標をめざして挑戦する経験は、なにものにも代えがたいものです。

言葉は中学3年レベルの英語で十分につうじます。英語圏以外の国で、日本語から直接現地の言葉を習える機会はそんなにありません。現地の言葉を覚えるためにも最低限の英語は必要でしょう。

アイスホッケー留学

北海道苫小牧の中学アイスホッケー部に所属するAくん（2年生）は、2017（平成29）年、アイスホッケーの本場カナダ・モントリオールのアイスホッケースクールに、6週間の短期留学をしました。日本国内のアイスホッケー関連会社が仲介した、日本人選手対象の奨学金コンテストに応募して、勝ち取った留学でした。

早朝からの氷上練習と陸上トレーニング、練習試合やローカル大会への参加など、教習内容は充実。体格のよいカナダ選手を相手に、スピードやテクニックで対抗しながら腕をみがく日々を送りました。ヘッドコーチのアドバイスをもらいながら、成長の手ごたえを実感できる練習生活だったようです。ホームステイ先の家族の好意で、北米プロアイスホッケーリーグ（NHL）の憧れの選手のプレーをまぢかに見ることができたのも、強い刺激になったそうです。

練習のあいだには、現地の学校で英語・数学・美術などの授業も受けました。英語には多少苦労したようですが、スクールメイトとのコミュニケーションをはかるために「積極的に話しかけた」のは、スポーツだけに止まらない人間的成長をもたらしたことでしょう。

カナダ・アイスホッケー留学を経験したAくんは、NHLのリンクに立つ日を目標に、部活動以外の自主練習にも力が入ってきているようです。

（協力　苫小牧民報）

「日本のメッシ」久保建英選手はバルサ育ち

いまサッカーで、将来の日本のエースとして期待されているのが、2001（平成13）年生まれの久保建英選手です。左ききの久保選手はスタイルが似ているので「日本のメッシ」とよばれることもあります。

10歳でスペインのFCバルセロナ（通称バルサ）の育成組織に入団、2011年から2015年まで在籍しました。帰国後はFC東京に入団し、高校生でトップチームに昇格し、Jリーグにデビューしました。

バルサのライバル、レアル・マドリードの育成組織には、久保選手より2歳年下の中井卓大選手がいます。中井選手は、2013年、9歳でマドリードに行きました。高校を卒業するころには、どんな選手になっているでしょうか。

▲FIFA U-20ワールドカップ2017のウルグアイ戦に後半20分から出場した久保建英選手。15歳でしたが、飛び級で日本代表に選ばれました（2017年5月、韓国）

写真：Koji Watanabe/Getty Images

世界レベルをめざす
本場の育成組織

育成はおおまかにいって、ヨーロッパはクラブ型、アメリカは学校型です。どちらも、子どものころは、1つのスポーツにこだわらないで、いろいろなスポーツを積極的にします。そして、年齢が高くなると、自分に合ったスポーツを選んでいきます。

▲女子サッカードイツ代表の選手といっしょに練習する少女たち。ドイツではさまざまなスポーツクラブで少年少女が8歳ぐらいからシンプルなトレーニングでスポーツの基本を学んでいます。　写真：gettyimages

ヨーロッパのクラブ

ヨーロッパのクラブは地域で活動するもので、日本の部活（クラブ活動）とはちがい、学校が終わってから、または休みの日にスポーツをします。ドイツなどでは総合型スポーツクラブが各地にあり、サッカー、バスケットボール、ハンドボールそのほか、さまざまなスポーツを選ぶことができます。かけ持ちもできます。これはだれでも参加できるものです。

将来プロ選手をめざす人のためには、10歳ごろから選抜試験（セレクション）を行い、サッカーの場合なら25人程度のチームを作ります。10歳以下（U-10）、12歳以下（U-12）のように2学年ごとのチームが18歳以下（U-18）まで作られます。「昇格（進級）」のたびに半分のメンバーが入れかわります。18歳以上の「トップ（1軍）」に昇格し、何試合か出場するとプロ契約を結びます。プロになれるのは数パーセントにすぎません。

最近では2学年ではなく1学年ごとのチームを作る例が増えています。年代別のチームの練習は、各年代の指導者によって指導内容が変化しないように共通したテーマと方針をもって行われます。よい指導者の養成も重要です。

練習はつねに「試合を意識して」行われます。試合で使わないような曲芸技はやりません。サッカーなら「動きながらのボールコントロール」などを「対戦相手をつけて」行うのがふつうです。

2章 世界でスポーツを学ぶ

◀ヘッドコーチの指導を受けるアメリカの高校のアメリカンフットボール部の練習風景（メドフォード高校）。全米高等学校連盟の調査では、男子高校生が取り組んでいる一番の人気スポーツはアメリカンフットボール。ただし、シーズンごとにちがうスポーツにも参加するようです。

写真：gettyimages

アメリカの育成組織

アメリカでは低学年はクラブで練習し、ハイスクール（高校）やカレッジ（大学）に進むと学校のチームで練習して試合に出場するようになります。ここから優秀な生徒は「ドラフト」で指名され、プロになります。プロといっても最初はマイナーリーグ（トッププロチームの下部組織）からのスタートです。

アメリカは学生スポーツのシーズンが短く、野球は春から4か月間、アメリカンフットボールやバスケットボールは秋から、と短期間なため、いくつかのスポーツをかけ持ちする選手もめずらしくありません。

アメリカではカレッジスポーツがたいへん盛んで、大学ごとに自前の、数万人も観客が入る大きなスタジアムやアリーナ（体育館）を持っているのがふつうです。学生選手なので、授業の成績が悪すぎると練習にも出られないなど厳しい面もあります。

18歳以下国外移籍禁止で様変わり

2015（平成27）年に国際サッカー連盟（FIFA）が「18歳以下の国外移籍禁止」を決めたことで、育成事情が変化してきています。サッカー選手の移籍にかんする決まりですが、ほかのスポーツにもこれから影響するでしょう。

以前は、日本の小学生がスペインの有名チーム（育成組織）に加入することもできましたが、2015年からは「親が仕事の都合で外国に転勤した」などの特別の事情がなければ、外国のチームに加入することができなくなりました。たとえばメッシ選手は13歳でアルゼンチンからスペインのバルセロナに移り住み、FCバルセロナのユースチームからプロ選手に成長しましたが、こうした例は今後は出にくくなるでしょう。

未成年者の移籍制限が作られたのは、「第2のメッシ」をねらったスカウト合戦が過熱し、人身売買にもひとしい「カネで子どもを買う（売る）」ことが増えたためです。この決定により、FCバルセロナの育成組織で活躍していた久保建英選手（当時13歳）は、18歳になるまで公式戦に出られなくなりました。久保選手は日本に帰国し、その後はFC東京のU-18でプレーをしています。

いずれにせよ、プロになれるのはひとにぎり。ケガなどで途中でリタイアすることもあります。スポーツだけでなく学校の勉強もきちんとやりなさいということかもしれません。

世界レベルをめざす
日本へ学びに

強い相手、よりよい練習環境をもとめて日本人選手が海外に飛びだす一方、日本にスポーツを学ぶためにやってくる外国人選手もいます。また一部の私立高校・大学では、サッカーやラグビー、陸上などで、「助っ人」の外国人を受け入れているところもあります。

柔道ではたくさんの留学生が

日本生まれの柔道は、中心の道場となる東京の講道館のほか、日本各地の高校や大学に外国人留学生がきています。国際大会で、日本で練習した選手が日本人選手のライバルになることも少なくありません。

柔道の創始者・嘉納治五郎の門下には、第二次世界大戦前から多くの外国人がやってきました。あるものは教えてもらうために、またあるものは、多くはレスリング選手でしたが、道場破りで名をあげるためにやってきました。

講道館で学んだ選手で有名なのは、前の東京オリンピック柔道無差別級で神永昭夫選手を破って金メダルに輝いたアントン・ヘーシンク選手(オランダ)です。1955(昭和30)年から毎年2か月ほど日本に滞在し、講道館でけいこにはげみました。

1964年の東京オリンピックは柔道が初めて正式種目となった大会。しかも、最強の無差別級で日本人が負けたことは、日本柔道界にとっては大ショックでした。

しかし、日本人以外が優勝したことで、かえって柔道が国際化しました。ヘーシンク選手はのちに「東京で自分が優勝していなかったら、1972年のミュンヘン・オリンピック以降も柔道が正式種目になることはなかっただろう」と話しています。そういう意味ではヘーシンク選手は「柔道の恩人」なのです。

留学生が「助っ人」に(サッカー)

プロ野球やJリーグでは外国人の「助っ人」選手はめずらしくありませんが、高校や大学でも外国人留学生を受け入れて、大会で好成績をあげる

写真:毎日新聞社

◀ オリンピック東京大会の体重無差別決勝では、オランダのヘーシンク選手は日本の神永昭夫選手をけさ固めで破り優勝しました(1964年10月)。

2章 世界でスポーツを学ぶ

▲ 2008年北京オリンピックの男子マラソンで優勝したケニアのサムエル・ワンジル選手（北京・人民広場前）。　写真：アフロスポーツ

学校があります。

学校側としては、全国大会で勝てば学校が有名になるし、留学生側は、スポーツのおかげで学校に通うことができ、プロになるチャンスもつかめるのです。両方にとっていいことだらけです。しかし、外国人留学生を受け入れていない学校からは「留学生で勝つなんて、ずるい」という意見も聞かれます。

サッカーでは、ブラジルから日本の高校に留学し、のちに日本代表になった田中マルクス闘莉王選手や三都主アレサンドロ（アレックス）選手が有名です。闘莉王選手は16歳で千葉県の高校にサッカー留学し、サッカー部を全国大会に出場させる活躍をみせました。三都主選手も16歳で高知県の高校に留学しています。2人とも日本国籍を得て、日本代表として活躍しました。

企業や高校・大学の陸上部に

ケニアの陸上長距離選手が日本を拠点にするようになったのは、1983（昭和58）年に来日したダグラス・ワキウリ選手が最初です。エスビー食品に所属しました。1987年の世界陸上で優勝、1988年のソウル・オリンピックで銀メダルをとりました。その後、ワキウリ選手にあこがれて来日したのが、エリック・ワイナイナ選手です。コニカに所属、アトランタ・オリンピックで銅、シドニー・オリンピックで銀をとっています。ケニア初のマラソン金メダルを獲得したワンジル選手は、これらに続くものでした。

現在、高校・大学・社会人の駅伝チームには、ケニア、エチオピアなどからの「助っ人」が数十人はいるでしょう。一方で、こうした選手が増えすぎたことで、出場選手数を制限したり、走る区間を限定するなどの動きもあります。

日本育ちの金メダリスト

サムエル・ワンジル（1986～2011年）

京都の全国高校駅伝のエースからオリンピックの金メダリストになった選手がいます。ケニア出身のサムエル・ワンジル選手です。

ワンジル選手は走るのがとても速い子どもでしたが、家庭が貧しく、陸上クラブの会費も払えないほどでした。2002（平成14）年、15歳で仙台育英高校に留学。2年生と3年生のとき、高校駅伝で仙台育英の優勝に貢献しました。卒業後、トヨタ自動車に入社、マラソンのトレーニングをはじめます。2008年の北京で、オリンピック新記録でみごと優勝。3年連続区間賞をとった高校駅伝のコースにちなんで「都大路が生んだ金メダリスト」とよばれました。

世界のトップをめざす
外国人コーチに学ぶ

野球やサッカー、ラグビーなどのチームスポーツでは、外国人監督やコーチはめずらしくありません。あまりめだちませんが、テニスやフィギュアスケートなどの個人競技でも、外国人コーチやスタッフとともに戦うアスリートが多くなっています。

マイケル・チャンとの出会いでステップアップした錦織圭

テニスの錦織圭選手は、プロ転向3年目の2010（平成22）年に世界ランキング100位以内に入っていました。翌2011年には、それまでの日本人最高記録、松岡修造さんの46位をぬいて、30位へと躍進します。それでも、どうしてもトップ10の壁を破れずにいました。

そんなとき、2011年秋の東日本大震災チャリティマッチで、元世界2位のマイケル・チャンさんと出会います。マイケル・チャンは、1989年に全仏で優勝、1996年に全米で準優勝など、すばらしい経歴の選手です。アジア系（チャンは中国系でアメリカ国籍）、体格が小さい（チャンは身長175cm、錦織は178cm）など共通点もあり、チャンのアドバイスは錦織選手にとっては貴重なものとなりました。

その当時は別のコーチがいたため、すぐにチャンがコーチになることはありませんでしたが、2年後、おそらく錦織選手の希望だったのでしょう、チャンがコーチに就任しました。年間20週間の契約だったようです。

チャンをコーチに迎えてはじまった2014年のシーズン、錦織選手は5月に初めて世界9位になりました。その後、しばらく調子を落としますが、結局この年は世界ランキング5位まで上りつめました。この年の全米オープンでは決勝にまで進出します。決勝ではおしくも敗れましたが、アジア人でグランドスラム（世界4大大会）の決勝に進出したのは、マイケル・チャンについで2人目という快挙でした。

◀ 2014年の全米オープンのコートで練習する錦織圭選手。左がマイケル・チャン・コーチ。右は、2011年から錦織選手のコーチをしているアルゼンチン人のダンテ・ボッティーニ。錦織選手は2人のコーチに支えてもらっています。

写真：アフロ

ライバル国のコーチから教えを受けるフィギュア選手たち

　日本のフィギュアスケートは、2006（平成18）年のトリノ・オリンピックで荒川静香さんが金メダルに輝いたのをはじめ、21世紀に入って急速にレベルアップし、選手層も厚くなりました。その背景には外国人コーチの存在があります。

　荒川選手はオリンピックの3年前から振り付けをロシア人のニコライ・モロゾフ、技術をアメリカ人のリチャード・キャラハンの2人のコーチにならいました。世界的に有名なロシア人コーチのタチアナ・タラソワの指導も受けましたが、オリンピック直前はモロゾフが専任コーチでした。モロゾフ・コーチはその後、世界選手権で優勝した安藤美姫選手、2010年のバンクーバー・オリンピックで銅メダルをとった高橋大輔選手も指導しています。

　荒川選手にあこがれてスケートをはじめたのが、同じ仙台出身の羽生結弦選手です。羽生選手は、18歳からカナダ人コーチのブライアン・オーサーさんの指導を受けています。じつは、オーサー・コーチは、羽生選手のライバルのスペイン人選手の指導もしていました。羽生選手はそのことを知った上で、教えてほしいとたのんだのです。

　オーサー・コーチは、何人かの優秀な選手を同時に教えていました。その1人が韓国のキム・ヨナ選手でした。キム・ヨナ選手は浅田真央選手のライバルです。浅田選手のコーチは、荒川選手を指導したこともあるタラソワさんです。

　フィギュアスケートの世界では、世界で40人から50人といわれる有力な振付師・コーチが、成績のカギを握っているといわれています。

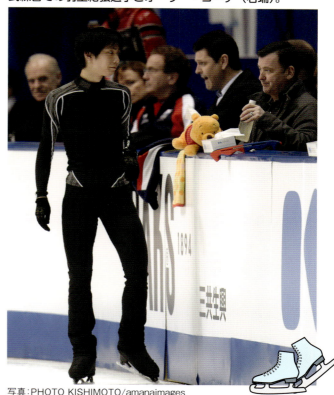

▼ 2014年NHK杯国際フィギュアスケート競技大会の公式練習での羽生結弦選手とオーサー・コーチ（右端）。

写真：PHOTO KISHIMOTO/amanaimages

2020年を前に外国人指導者ラッシュ

　2020年の東京オリンピックに向けて、日本代表チームスタッフへの外国人指導者の就任がめだってきました。

　女子バレーボールでは日本代表史上初めての男性外国人コーチ、フェルハト・アクバシュさん（トルコ）が話題になっています。男子バレーボール日本代表のヘッドコーチもフランス人です。

　ほかに男子バスケットボール（アルゼンチン人）、男子ハンドボール（アイスランド人）、男子フィールドホッケー（オランダ人）、女子フィールドホッケー（オーストラリア人）、クレー射撃（アイルランド人、アゼルバイジャン人）などの種目で、外国人のコーチや監督が日本代表を指導するようになっています。

　2020年の東京オリンピックに向けて、開催国枠での出場が決まり（男子バスケットは例外）、政府からの補助金の予算もついたことから、本格的な強化をと考えたときに、まず頭に浮かんだのが優秀な外国人指導者を招くことだったのでしょう。外国人指導者は、言葉や日本の習慣のほか、まじめだが引っ込み思案といわれがちな日本人選手とのコミュニケーションに、とまどうことがあるかもしれません。

世界のトップをめざす
ライバル国で強化をはかる

ライバルに負けてくやしい、あの選手に追いつきたい、どうしても勝ちたい——そんなとき、どうすればいいのでしょうか？
　日本のスポーツ組織や選手には、ライバルの強豪国に頭を下げて、強くなる秘けつを教えてもらったり、いっしょに練習をさせてもらったりすることが増えています。

2017年11月、オランダで行われたスピードスケートワールドカップ女子500mで優勝した小平奈緒選手。となりのレーンは韓国の李相花選手。

写真：ANP Photo／アフロ

オーストラリアとパートナーシップを結んだ日本水泳連盟

　ここ最近、めきめきと実力をのばしてきた日本の水泳陣「トビウオジャパン」ですが、じつはオーストラリアの水泳連盟と特別な関係にあります。2015（平成27）年に日本水泳連盟はオーストラリアと「パートナーシップ協定」、友好と協力の取り決めを結びました。
　「日豪プロジェクト2020」（豪はオーストラリアのこと）として、次の東京オリンピックに向けて、合同練習や競技会、選手やスタッフの交流などを行います。日本から数週間程度オーストラリアに行って試合をしたり、どんな練習をしているのかなど「企業秘密」まで教えてもらうのです。
　オーストラリアは、アメリカなどと並んで世界の水泳強豪国。強い相手といっしょに練習することは刺激になります。「アメリカやヨーロッパの国々と比べて時差が少ないのが一番いい」と日本の関係者はいっています。シドニーやメルボルンとの時差は1時間です。

ここぞというときに実力を出したい
——ライバル国に渡った小平奈緒選手

　2014（平成26）年のソチ・オリンピック、スピードスケートでは、オランダが12種目中8種目で金メダルをとって圧勝しました。
　メダルなしに終わった日本の女子スピードス

2章　世界でスポーツを学ぶ

写真:ロイター/アフロ

▲ 2016年のリオ・オリンピックのカヌースラローム。銅メダルを獲得して涙する羽根田卓也選手（中央）とそれを祝福するチェコやスペインの選手たち。

ケートの小平奈緒選手は、オリンピックの3か月後、単身オランダに渡りました。

「苦しい練習に耐えてこそ強くなる」とがんばりましたが、どうしても重要な大会でふだんの実力が出せません。オランダ選手の「ここぞというときに爆発的な力を出せる」秘密を知りたいと考えて、あえてライバル国のコーチに教えてくれるようにたのんだのです。

オランダでは、選手たちはマイペースで練習しているのに、本番ではものすごい記録を出していました。メンタル（精神）面でのメリハリ、自分でよく考えて練習すること、本番での集中力が大事だと学びました。

小平選手はオランダの食事に苦労したこともありましたが、2016年まで2年間、オランダで生活しました。自分にあった滑り方を見つけ、500mでは2016年から17年にかけて30連勝、2017年12月には1000mで世界新記録を出しました。

強豪国のリーグで武者修行する選手たち

2016年のリオデジャネイロ・オリンピック。男子卓球シングルスで銅メダル、団体で銀メダルの水谷隼選手は、卓球の強豪国の中国やドイツ、ロシアのプロチームに参加して実力をきたえてきました。

また女子卓球団体で3位の福原愛選手、伊藤美誠選手も、女子で最強の中国スーパーリーグに所属して強い相手と試合をくり返しました。2017-18年シーズンは中国側から警戒され、石川佳純選手、平野美宇選手がリーグ参加を断られています。

カヌー競技のスラローム種目で日本人初の銅メダルをとった羽根田卓也選手は、高校を卒業後、カヌーの強豪国スロバキアの大学に進学し、現地でトレーニングにはげみました。

日本フェンシング協会の太田雄貴会長（北京オリンピックとロンドン・オリンピックで銀メダル）も、現役時代、フランスのチームに所属するなど、ヨーロッパで「武者修行」した経験があります。

スポーツとスポンサー

大会スポンサー

試合後のヒーローインタビューや表彰式で、選手の後ろにスクリーンが張られ、会社や団体の名前がたくさん書かれているのを見たことがあるでしょう。あの会社名は広告で、スタジアムのなかの看板と同じように、宣伝のために主催者にお金を払ってのせているのです。お金を払う会社は「スポンサー」とよばれています。

写真：日刊スポーツ/アフロ

▲ 2017年6月、スポンサー企業の名前が並ぶ看板の前で、世界卓球選手権大会からの帰国を報告する日本選手たち。後列左から、平野美宇、伊藤美誠、早田ひな、丹羽孝希、前列左から吉村真晴、石川佳純、大島祐哉、森薗政崇の各選手。

スポーツには、競技をすることで報酬を受け取るプロと、自分の楽しみのために競技をするアマチュアの2種類があります。アマチュアは、多くの場合、会費などを自分で払ってプレーをしています。しかし最近では、アマチュアの大会でも広告看板がめずらしくなくなりました。「スポーツでお金をかせぐ」意味が大きく変わり、スポンサーが出すお金の重みが増してきたのです。

アマチュアからプロの時代、スポーツの商業化

1960年代までは、スポーツでお金をもらうのは「はしたない」ことと考えられていました。オリンピックにもプロ選手は出場できませんでした。

1970年代から80年代に方針が変わり、プロ選手もオリンピックに出場できるようになりました。さらに国際オリンピック委員会（IOC）が「お金を払った会社に、五輪マークを使った宣伝を認める」という新しい方針を決めました。こうしてスポーツとは直接関係のない食べ物、飲み物、衣料、洗剤などの会社が、「スポンサー」としてスポーツの世界にかかわるようになりました。

それ以前は、「スポーツでかせぐ」のはプロ選手や球団スタッフなどが中心でしたが、「スポーツの商業化」が進むにつれ、大きな大会が開催され、テレビ中継されることで、大きなお金が動くようになりました。

このような「スポーツを商業化して利益を生む」やり方を「スポーツビジネス」「スポーツマーケティング（市場）」とよんでいます。

スポーツの商業化のプラスとマイナス

スポーツで大きなお金が動くことには、プラスの面とマイナスの面があります。

プラスの面は、選手やスポーツ関係者の収入が増えることです。ただし、ほかの仕事をしないで生活できるのは人気スポーツ選手に限られ、大金をかせげるのは、そのなかでもごく一部の有名選手だけです。

マイナス面は、入場券（チケット）の値段が高くなること。またテレビやインターネット放送も有料番組が増え、スポーツ観戦にお金がかかるようになることです。

オリンピックなど国際大会の開催にも多額のお金がかかり、小さな国や都市では開催がむずかしくなってきています。オリンピックを開催したいという立候補もだんだん少なくなってきました。

3章　スポーツと国際経済

▲アメリカのカレッジ（大学）フットボール優勝プレイオフの試合会場（2016年、フェニックス・スタジアム）。プロフットボール（NFL）と同様の高い人気があり、2015年のテレビ中継は全米で1800万人以上が視聴したといわれています。このスタジアムはフェニックス大学が命名権を持っています。

アメリカが引っ張るスポーツの商業化

スポーツビジネスを引っ張るのはアメリカです。アメリカの「国内スポーツ総生産（GDSP）」は、1990年代から2015年までの約20年間で、18兆円規模から3倍以上の60兆円規模に拡大しました。プロだけでなく大学なども収入を増やし、学校ごとに立派なスタジアムを持つようになっています。

日本でも経済産業省、スポーツ庁が「2025年までにスポーツ総生産を15兆円に」の目標を立てて、2020年の東京オリンピックをきっかけにスポーツを活性化したいとしています。

日本のスポーツ総生産（GDSP）

一定の期間内に国内のすべての経済活動が生み出した、お金・モノ・サービスといった価値の総合計を、「国内総生産（GDP）」といいます。そのうち、スポーツやスポーツ関連の経済活動が生み出したものを「国内スポーツ総生産（GDSP）」とよんでいます。日本の「国内スポーツ総生産」は、2012年の推計でおよそ11兆円。日本の「国内総生産」の約2％にあたります。競輪・競馬などの公営ギャンブル（公営競技）をのぞいた約7兆円が、「純スポーツ総生産」です。右のグラフを見ると、その内訳は、スポーツに関係する施設の使用料、スポーツ用品の売り上げなどが多いことがわかります。入場料など、プロスポーツに関係するものはごく一部にすぎません。

日本のスポーツ総生産の内訳

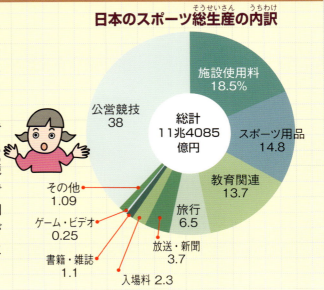

総計 11兆4085億円

- 施設使用料 18.5%
- スポーツ用品 14.8
- 教育関連 13.7
- 旅行 6.5
- 放送・新聞 3.7
- 入場料 2.3
- 書籍・雑誌 1.1
- ゲーム・ビデオ 0.25
- その他 1.09
- 公営競技 38

※各数値は四捨五入しているため、合計は100になっていません。
（日本スポーツ産業学会、日本政策投資銀行2015より作成）

スポーツとスポンサー
企業がスポンサー

スポーツの大きな大会は、アマチュアからプロまで、スポンサーからの収入に支えられています。収入のなかみは、広告やライセンスなどさまざまです。
広告収入は、宣伝のために企業が出すお金です。ふつうはテレビCMや新聞などに広告を出します。スポーツの場合はスタジアムのなかに看板を出したり、選手のユニフォームに会社の名前や商品の名前を張り付けたりします。

競技と広告、スポンサー

スポーツ広告は競技によって表示の大きさに制限のないものと、決まりのあるものに分かれます。たとえばF1は制限なく車体いっぱいに広告できます。オリンピックのウェアや用具につけられる広告のサイズは、4×6cm程度に制限されています。テニスなどはバッグのマークの大きさも決められています。日本のプロ野球ではユニフォームの上半身・下半身にそれぞれ1個（4×12cm以内）だけが認められています。学生野球では、広告の表示はいっさい禁止されています。

ライセンスの意味は「免許・許可」です。大会・チーム・選手の名前やマークを、企業が宣伝に使うかわりにお金を払います。有名選手がコマーシャルに出演することもあります。文房具や衣類などにチームや大会のマークをつけて売るときにも、このライセンスが必要で、製造・販売にはお金を支払わなければなりません。

大きな大会に企業の名前がつくことがあります。「冠大会」とよばれます。たとえば現在のクラブ・

※1万イギリスポンド＝約183万円（2015年当時）

● F1の車体広告の値段
どの部分かによって値段が変わります。2015年には全体で約600万イギリスポンド（当時約11億円）。

（Formula Money誌より）

● サッカーのユニフォームの広告の例（Jリーグ）
胸スポンサー、そで（肩）、背番号の上下、腰（すそ）、パンツなど5、6か所に広告が入ります。

写真:Getty Images

▶ トヨタ自動車がスポンサーとなって行われたFIFAクラブワールドカップ（2013年、モロッコ）。写真はブラジルのアトレチコ・ミネイロのロナウジーニョ選手。後ろにトヨタ自動車の広告が見えます。

3章 スポーツと国際経済

ワールドカップ（サッカークラブチームの世界一を決める）は以前はトヨタ自動車が大会スポンサーだったので、「トヨタカップ」とよばれていました。

スポンサーの広告や出資は、会社の宣伝をかねて、そのスポーツ（大会・チーム・選手）を応援しようという気持ちのあらわれです。

ただし、会社の経営不振で広告が突然打ち切られたり、大会が開けなくなったこともあります。スポンサーはありがたいですが、たよりきりにならないようにしなければなりません。

マークを勝手に使うと罰金

オリンピックのマークは、日本では商標法という法律で保護されています。たとえば許可なく「東京オリンピックまんじゅう」を売ったり、「オリンピック記念大売り出し」をすると、法律で「5年以下の懲役もしくは500万円以下の罰金」となります。マークの使用はお金を出してくれるスポンサーにのみ許され、勝手に使ってはいけない決まりなのです。スポンサー収入が、テレビ放映権とならんで国際オリンピック委員会（IOC）の重要な収入源になっているからです。→P.36「テレビ放映権」

このような規則・法律がないと、オリンピック開催に立候補することができません。

公式スポンサー（TOP＝オリンピック・パートナー）にはパナソニック、トヨタ、ブリヂストンなど日本の大企業もふくまれ、数億円から数十億円（推定）をIOCに払っています。

一般のファンにとっては不自由なことも出てきます。たとえば「がんばれ！ニッポン！」のフレーズも無料では使えません。応援も勝手にはできないのです（「がんばろう！日本」はだいじょうぶです。文化祭の研究発表など営利目的でない場合は、教室などにオリンピックマークを展示してもかまいません）。

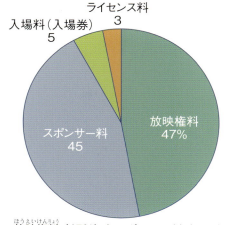

IOC（国際オリンピック委員会）の収入の割合

- ライセンス料 3
- 入場料（入場券）5
- スポンサー料 45
- 放映権料 47％

放映権料（47％）とスポンサー料（45％）で収入の大半を占めます。（IOCの資料より）

おもなスポーツ選手の収入の内訳 （フォーブス誌より）

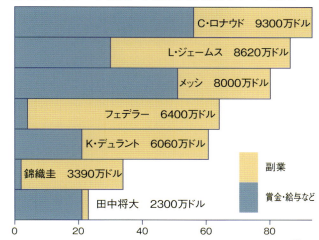

- C・ロナウド　9300万ドル
- L・ジェームス　8620万ドル
- メッシ　8000万ドル
- フェデラー　6400万ドル
- K・デュラント　6060万ドル
- 錦織圭　3390万ドル
- 田中将大　2300万ドル

凡例：副業／賞金・給与など

広告収入が多いスター選手

選手にとってもスポンサー収入は大切です。なかには本業の収入（入賞賞金やチームの給料）よりもスポンサー収入が多い選手も少なくありません。

2017年度の所得ランキング1位のサッカー選手クリスティアーノ・ロナウド（レアル・マドリード）は9300万ドル（約104億円）の37％がコマーシャル出演料など副業収入でした。メッシ選手（バルセロナ）は33％が副業収入でした。

上位で目立って副業収入の多かったのはテニスのフェデラー選手で、収入の90％が副業によるものでした。日本の錦織圭選手も88％がスポンサー収入。田中将大投手（ヤンキース）は、反対に本業の野球による収入が95％でした。

スポーツとスポンサー
外国企業が球団オーナー

オーナーとは？

チームを応援するためにお金を出すのはスポンサーですが、チームの「持ち主」のことは「オーナー」とよびます。会費制のクラブは会員みんながオーナーです。プロチームの場合は、だれがたくさんお金を出しているかでオーナーが決まります。

プロ野球では、もっともお金を出している会社が「親会社」で、社長などその代表がオーナーです。日本のプロ野球は12球団のうち赤字が半分以上といわれており、その穴埋めをしています。

Jリーグの場合、メインスポンサーとよばれますが、プロ野球とのちがいは、チーム運営会社の経営状態を公開すること、3シーズン連続で赤字の場合は下部リーグに降格することなど厳しい規則を決めているところです。

外国企業がオーナーに

ヨーロッパでは、外国人や外国企業がオーナーのサッカーチームが増えています。

下の表のように、有名な人気クラブも外国人がオーナーです。

クラブにとって、経営が安定するのは歓迎ですが、オーナーのなかには、監督や選手を解任しろと口をはさんだり、チームのシンボルカラーや名前そのものを変えろというオーナーもいて、地元のサポーターが困っている例もあります。

外国人がオーナーのおもなサッカークラブ

本拠地	クラブ名	オーナーの国籍
イギリス	マンチェスター・ユナイテッド	アメリカ
	リバプール	〃
	チェルシー	ロシア
	アーセナル	〃
	マンチェスター・シティ	UAE
フランス	パリ・サンジェルマン	カタール
イタリア	ACミラン	中国
日本	横浜Fマリノス	フランス

（2017年現在）

オーナーってチームの持ち主なんだね。

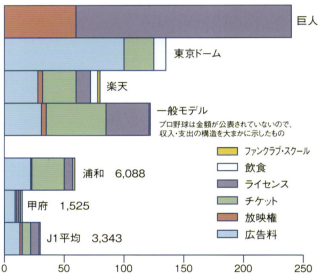

（Jリーグ公式数字および"baseball stats2011.jp"より）

プロ野球とJリーグの収入構成の比較

巨人戦の広告収入は別会社の東京ドームが得るしくみ。それ以外は広告料の名目でスポンサーにたよっています。巨人と楽天は2010年ごろの推定、浦和と甲府は2016年の公開された数字

▼イギリスのプレミアリーグのマンチェスター・シティのオーナーは産油国で知られるアラブ首長国連邦（UAE）の会社です。

写真：Getty Imag

3章 スポーツと国際経済

日本でも外国企業の影響が

日本ではプロ野球もJリーグも、外国人（外国企業）が過半数の株式を持つことを禁止していますが、いくつかのチームは外国企業の強い影響を受けています。

そのひとつがJリーグの横浜F・マリノスです。もともとの親会社は日産自動車でした。その日産の株式をフランスのルノー社が保有することになったので、計算の上ではマリノスの資本金の51.5%は外国企業のものということになりました。

マリノスは、2016（平成28）年にイギリスのマンチェスター・シティの運営会社シティ・フットボール・グループにも19.5%の株式を取得されているので、間接的にUAEの資本も入っているといえます。シティ社とは、選手やスタッフの交流などサッカーの人的分野でも提携・協力関係にあります。

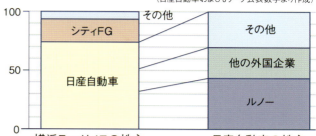

横浜F・マリノスの資本構成
（日産自動車およびJリーグ公表数字より作成）

日産自動車はマリノスの株式の74%を所有。日産自動車の株式はルノーが43.4%、そのほかの外国企業が26.2%所有しているので、計算上はマリノスの株式の51%あまりが日産由来の外国企業株。シティ・フットボール・グループと合わせて外国企業の資本は93.5%におよびます。

いろいろな国の企業が参加しているんだね。

大リーグ「シアトル・マリナーズ」と日本企業

イチロー選手がアメリカ大リーグでもっとも長い期間プレーしたのは、アメリカ北西部のシアトル・マリナーズです。マリナーズの筆頭株主は、1992（平成4）年から2016年まで日系企業でした。

もともとは、マリナーズが経営難で他の都市への移転を検討していたとき、シアトル市に本部を置く日系企業「ニンテンドー・アメリカ」に、地元のチームを助けてくれないかと要請があったのが発端。会社がここまで発展したのはシアトルのおかげだからと、任天堂本社（京都市）と山内溥社長がお金を出すことに決定。その結果、翌年以降もマリナーズはシアトルに残ることができて、地元のファンから感謝されました。

イチロー選手がマリナーズに在籍したのは2001年から12年までですが、移籍した後も、地元では愛される存在です。

▶ 2001年8月に行われたマリナーズ対タイガース戦（アメリカ・シアトル市）。本拠地セーフコ・フィールドに日本から応援にかけつけた多くのファンの前でプレーするイチロー選手。
写真:産経ビジュアル

スポーツとスポンサー

プロとアマチュアの境

スポーツに限りませんが、世の中には「プロ」と「アマチュア（アマ）」があります。アマチュアの言葉は、ラテン語のアマトール（愛好する）がもとです。スポーツであれば、それが好きだから、楽しみのためにやっている人。一方、プロは仕事として、生活のためにやっている人という意味です。最近ではその境界があいまいになってきていますが、プロとアマのちがいについて考えてみましょう。

アマは賞金ゼロ　畑岡奈紗選手の場合

プロとアマチュアの差は、まず「お金」です。

ゴルフ日本一を決める「日本オープン」。2016（平成28）年は当時17歳で高校3年生の畑岡奈紗選手が史上最年少で優勝しました。ところが、畑岡選手は優勝賞金2800万円を受け取ることができませんでした。畑岡選手が「アマチュア」として出場していたからでした。賞金はプロ2位の選手が獲得しました。

なんとも「もったいない」話ですが、畑岡選手は翌2017年の日本女子オープンにはプロとして参加しました。そして史上最年少で連覇。今度は賞金の2800万円を受け取りました。

このように、ゴルフの場合は規則でプロとアマがはっきりと分けられています。

ゴルフのプロになるには、プロテストに合格しなければなりませんが、アマチュアも参加できる日本オープンで優勝すると、特例でテストは免除されます。畑岡選手は2016年の優勝で「プロ宣言」をし、2017年からはプロとしてプレーしています。

プロになる道はさまざま

ゴルフのようにプロテストがあるスポーツは、ボクシングやボウリングなどです。テニスは国内ランキング100位以内が「トーナメントプロ」の目安です。大会に出場して入賞すれば賞金がもらえます。100位以下だと「レジスタードプロ（登録プロ）」で、予選を勝ち上がらなければ大会に出場できません。

競馬・競輪など公営競技（ギャンブル）の選手は、

▲ 2016年日本女子オープンゴルフ選手権で優勝した畑岡奈紗選手。

写真：産経ビジュアル

このときは、賞金がもらえなかったんだね。

訓練所や専門の学校で学んだうえで、国家資格の試験に合格する必要があります。賭けの対象になるため、八百長などの不正をふせぐための、厳しい教育が行われます。

野球やサッカーなどでは、チーム（球団）と契約して給料をもらいます。ただし、Jリーグ3部（J3）や女子サッカーのなでしこリーグなど、チーム内の一部の選手だけが「プロ契約」し、プロ・アマ両方がまじっている種目もあります。

体操や卓球、水泳、陸上競技など個人種目では、有力選手が「プロ宣言」をしてスポンサーからの支援金を受け取る例が増えています。ただし、スポーツだけで生活できるのは、ごく一部です。アルバイトをしている「プロ選手」も少なくありません。

3章　スポーツと国際経済

プロスポーツ選手になる方法

方式	内容	例
プロテスト方式	競技団体の実施するテストを受験し、合格する（合格後研修がある）	ゴルフ、ボクシング、ボウリング、サーフィン、ダーツなど
登録方式	日本ランキングの順位を獲得し（100位以内がめやす）協会に登録する（登録料は年1万円）	テニス（100位以上のトーナメントプロ、100位以下のレジスタードプロの2種類がある）
専門学校方式	競技団体の運営する専門の学校で一定期間学んだ上で、資格試験に合格する	競輪（1年）、騎手（3年）、オートレーサー（9か月）、競艇（1年）など
チームとの契約方式（1）	チームに所属して報酬を得る	野球、自動車レース（ライセンスも必要）、相撲（注）
契約方式（2）	（1）と同じだが、プロとアマが混在する	サッカー、バスケット、バレーボール、ラグビーなど
プロ宣言方式	プロであることを宣言する（スポンサーとの契約を結ぶことが多い）	卓球、水泳、陸上、トライアスロンなど（個人競技が中心）

注：大相撲の場合、給料が出る「力士」は十両以上。幕下以下は「力士養成員」で、1年に60万円ほどもらえる場所手当以外は基本的に無給。「力士」がプロといえる。相撲協会から給与を受け取り、賞金などの所得も得る個人事業主である。

日本独特の企業スポーツ

日本独特の形として、企業スポーツがあります。会社のなかにバレーボール部やバドミントン部などの「部活」があり、選手は会社員として午前中だけ仕事をして、午後から「会社の業務として」スポーツの練習を行うのです。まったく仕事をしない社員選手もいます。会社は宣伝をかねてスポーツにお金を出しているのです。

日本のオリンピック選手の多くは、こうした企業スポーツの「部員」です。サッカーやバスケットボールも、プロ化する以前は、ほとんどのチームがこうした企業スポーツ（「実業団」ともいう）でした。

「仕事として」スポーツをする点ではプロのようですが、給料は会社員としてのものなので、金額は多いとはいえません。実態は「半プロ・半アマ」でしょうか。野球ではプロではないという意味で、「ノンプロ」とよばれています。

企業スポーツは、選手の生活が安定するなど良い面がありますが、会社の経営が赤字になると突然「廃部」にされることもあります。

午前中は仕事をして、午後からはスポーツの練習をやっているんだね。

プロとアマが対立していた野球界

野球では、プロとアマ（高校、大学、社会人）が長いあいだ対立関係にあり、プロ選手によるアマチュアの指導をふくむ、「プロ・アマ交流」が禁止されてきました。

プロ選手が出身校の野球部の指導をすることもできません。OBが練習に顔を出してあいさつするのはいいが、ノックをしてはいけないなどと細かく規定されています。いまでもルール上は、親子でもプロ選手のお父さんと野球部の息子はキャッチボールさえできないことになっています。

プロ側による社会人選手の「引きぬき」がきっかけで、プロ野球界とアマチュア野球界は断絶状態にありました。2013（平成25）年以降、条件付きで元プロ選手がアマチュアを指導できるように規則が変わりましたが、現在でもプロとアマの交流は厳しく制限されています。

学生野球では、毎年秋、プロ入りを希望する選手は「プロ志望届」を提出します。届け出をしないと、選手はプロ野球のスカウトと話もできませんし、ドラフトの指名も受けられません。

スポーツとお金の関係

スポーツ中継の売買

スポーツの試合を開催するお金はどこからくるのでしょう？　わかりやすいのは入場料です。試合を見に行くときにチケットを買いますね。

ところが最近では入場料より何倍も大きなお金が、テレビ局から主催者に支払われるようになりました。試合などを放送するために支払うお金です。「放映権料」といいます。

オリンピックやワールドカップでは、この放映権料とスポンサー料の2つの柱が収入の大半を占めています。

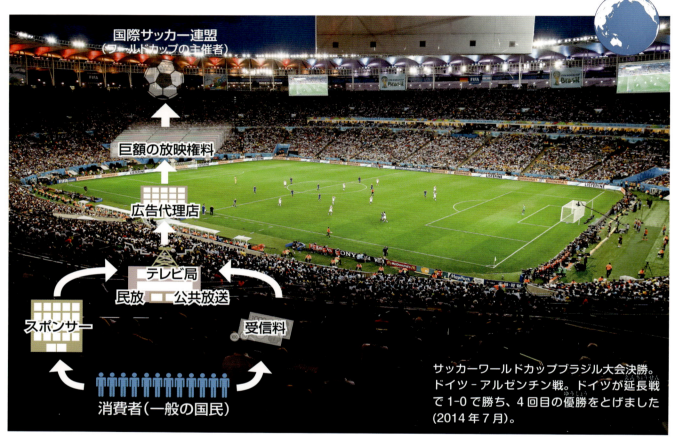

サッカーワールドカップブラジル大会決勝。ドイツ-アルゼンチン戦。ドイツが延長戦で1-0で勝ち、4回目の優勝をとげました（2014年7月）。

写真：アフロ

変化したスポーツ中継の考え方

「テレビで放送するとお客さんがスタジアムに来なくなる」と、試合の主催者がテレビをじゃまもののように考えていた時期がありました。ところが1980年代、広告代理店が主催者とテレビ局のあいだに入り、放映権の売り買いをはじめたころから事情が大きく変わりました。最近では、入場料の何十倍もの収入が、ネット中継をふくむテレビ放送から得られるようになっています。

テレビのほかに、インターネットの普及で「有料ネット中継」も始まっています。ネット中継会社も、試合の主催者に放映権料を支払っています。

2017（平成29）年からはJリーグのネット中継が本格的にはじまり、イギリスのDAZNが10年間で2100億円という破格の金額で契約し、注目を集めました。

世界の大会はビッグビジネス

放映権の売り買いにたずさわる広告代理店は、一般には、広告を出したい側とテレビや新聞・雑誌など広告を出すメディアとの仲介が仕事です。

3章　スポーツと国際経済

最近ではイベントの開催などにも手を広げています。オリンピックやワールドカップのような世界大会の放映権売買は、とても大きなビジネスになります。

ワールドカップ関係では、アディダスと日本の広告代理店の電通が共同出資したISLという代理店が、国際サッカー連盟からテレビ放映権をあずかり、各国のテレビ局に放映権を販売しました。ところが、あまりにも急速に大きくなりすぎたことなどでISLは倒産し、その後は別の広告代理店が、放映権やチケットの販売を引き継いでいます。

ワールドカップやオリンピックが見られない？

放映権料の値上がりで主催者はもうかりますが、問題点も少なくありません。

あまりにも高額なために、放映権料が払えずに、中継をやめてしまう放送局が出始めています。近い将来に、オリンピックやワールドカップが「有料テレビ」でしか見られなくなるかもしれません。

イギリスの最高裁判所では、「ワールドカップの決勝と準決勝、イングランド代表の試合などは、公共放送で中継するべきだ。国民には見る権利がある」という判決を下しました（パブリック・アクセス権）。

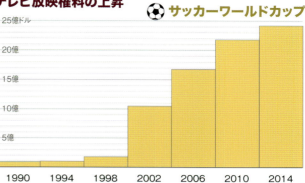

テレビ放映権料の上昇　サッカーワールドカップ

1990 イタリア／1994 アメリカ／1998 フランス／2002 日韓／2006 ドイツ／2010 南アフリカ／2014 ブラジル

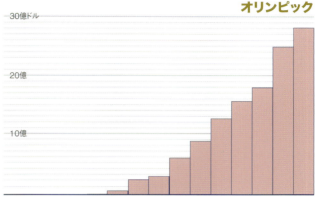

オリンピック

1960 ローマ／1964 東京／1968 メキシコシティ／1972 ミュンヘン／1976 モントリオール／1980 モスクワ／1984 ロサンゼルス／1988 ソウル／1992 バルセロナ／1996 アトランタ／2000 シドニー／2004 アテネ／2008 北京／2012 ロンドン／2016 リオ

（電通などの資料）

テレビ放映権料が20倍に

オリンピックは1984年のロサンゼルス大会から、サッカーのワールドカップは2002年の日韓大会から急激に増えています。ワールドカップの場合、フランス大会では1億800万ドル（日本円で10億円以下）でしたが、ブラジル大会では24億ドル（2700億円）をこえ、わずか20年足らずで約20倍になりました。

7億人が見るワールドカップ決勝

人口が70億人を突破したいまの世界で、もっとも多くの人が見るスポーツの試合は、サッカーのワールドカップ決勝です。20分以上見た人の数は推定7億人あまり。再放送をふくめて1分以上見たのは32億人だと国際サッカー連盟は発表しています。こうした数字にこだわるのは放映権料と関係があるからです。多ければ、それだけ多くの人がCMも見ていると考えられるからです。大会全体で多くの視聴者を集めるのはオリンピックだそうです。陸上男子100m決勝を生放送で見た人は推定1億6000万人、オリンピック全体を少しでも見た人は35億人だといわれています。

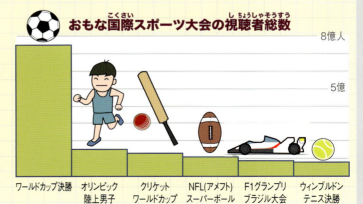

おもな国際スポーツ大会の視聴者総数

ワールドカップ決勝／オリンピック陸上男子100m／クリケットワールドカップ／NFL（アメフト）スーパーボール／F1グランプリ ブラジル大会／ウィンブルドンテニス決勝

（Sporting intelligence誌より）

スポーツとお金の関係
移籍金と優勝賞金

スポーツの国際大会の優勝賞金は1990年代から急激に増え始め、たとえばテニスの全英オープン（ウィンブルドン大会）は10倍、ゴルフ全米オープンは39倍になりました。オリンピックやワールドカップの放映権、スポンサー収入の伸びとも関連しているでしょう。

これはスポーツの商業化が新しい段階に入り、世界経済、とくにアメリカがスポーツを投資の対象と見るようになったことが原因です。最近では「スポーツビジネス」「スポーツマーケティング（市場）」とよばれています。

大きな大会の優勝賞金

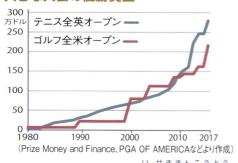

北海道日本ハムファイターズから大リーグのエンゼルスに移籍入団した大谷翔平選手。この移籍はポスティング制度が利用され、エンゼルスは日本ハムに約23億円の譲渡金を支払うことが決定しました。写真はファンにあいさつする大谷選手とエンゼルスのオーナー（2017年12月）。
写真：産経ビジュアル

サッカー選手の移籍金高騰

サッカー選手の移籍金もうなぎのぼりです。

これまでジダン（96億円、2000年）やC・ロナウド（122億円、2009年）が「大型移籍」として注目されましたが、2013（平成25）年以降、毎年のように「記録更新」されています。

2017年のネイマールはそれまでの最高額の2倍以上。4年前にバルセロナに移籍した際にも、高額の移籍金が支払われました。

移籍金は正式には「違約金」で、まだ契約中の選手がほかのチームに移籍する場合に、移籍先のチームが元のチームに支払うものです。契約期間中の移籍に対する補償金にあたります。

移籍をくり返せばそれだけ、また移籍金が高額であればあるほど、手数料も多額になり、その一部は選手にも流れます。

ボスマン判決

かってのプロスポーツ選手はチームの「所有物」とみなされて、契約が切れてもチームの支配を受けていましたが、1995年の「ボスマン判決」で契約が切れた選手の自由移籍が認められました。

「ボスマン判決」は、ヨーロッパ司法裁判所がベルギーのサッカー選手ボスマンの移籍の自由を認めた判決です。これにより、ヨーロッパだけでなく、事実上全世界で契約の切れた選手は移籍金ゼロでチームを変われるようになりました。このため各チームは、有力選手とは長期間の契約を結んで引き止めをはかったり、移籍する際には莫大な移籍金を支払う義務を契約書に書きこむようになりました。

平均年俸が最高なのはNBA

プロスポーツ選手が1年間に受けとる給料を「年俸」といいます。世界のプロスポーツのなかで、もっとも平均年俸が高いリーグはアメリカの男子プロバスケットボールのNBAです。平均で7億円をこえていて、なかには数十億円を手にする選手もいます。

2位は野球のアメリカ大リーグの4億8000

3章 スポーツと国際経済

サッカー高額移籍金ランキング （単位：億円）

選手	年	移籍	金額
ネイマール	2017	バルセロナからパリ・サンジェルマン	約290億円
ポール・ポグバ	2016	ユベントスからマンチェスター・U	約136億7千万円
ガレス・ベイル	2013	トッテナムからR・マドリード	約131億5千万円
クリスティアーノ・ロナウド	2009	マンチェスター・UからR・マドリード	約122億円
ゴンサロ・イグアイン	2016	ナポリからユベントス	約117億円
ネイマール	2013	サントスからバルセロナ	約115億円
ロメル・ルカク	2017	エバートンからマンチェスター・U	約110億3千万円
ルイス・スアレス	2014	リバプールからバルセロナ	約106億円
アンヘル・ディ・マリア	2014	R・マドリードからマンチェスター・U	約97億7千万円
ハメス・ロドリゲス	2014	モナコからR・マドリード	約97億7千万円
ジネディーヌ・ジダン	2000	ユベントスからR・マドリード	約96億円

（ロイター通信などより作成）

世界のプロスポーツ年俸ランキング （単位：億円）

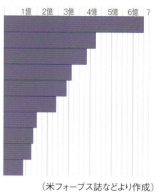

- NBA（アメリカ/バスケ）
- MLB（アメリカ/野球）
- IPL（インド/クリケット）
- プレミアリーグ（イングランド/サッカー）
- NHL（北米/アイスホッケー）
- NFL（アメリカ/アメフト）
- リーガ・エスパニョーラ（スペイン/サッカー）
- セリエA（イタリア/サッカー）
- ブンデスリーガ（ドイツ/サッカー）
- リーグ・アン（フランス/サッカー）

（米フォーブス誌などより作成）

アメリカのバスケットボール選手の給料が一番高いんだね。

万円、3位はインドのクリケットリーグで4億2000万円、これにイングランドのサッカー、北米アイスホッケーが続きます。

日本からはプロ野球が世界11位に入っています。平均年俸8800万円は1軍だけの数字で、給料の高い外国人選手もふくんだ数字です。日本人だけの平均は2軍をふくめて3800万円ほど。サッカーJリーグ（J1）の平均は2300万円です。

こうした「高給取り」はトップのリーグの話で、各プロスポーツの総競技人口のなかのほんの一部。NBAは全選手でも470人程度です。大リーグの選手は700人ほど、インドのクリケットリーグはわずか120人ほどです。NFL（アメリカンフットボール）が1680人と多いのをのぞいて、強豪国のサッカーリーグでも、トップランクのリーグの選手数は500人台がほとんどです。

賞金で生活できるのは世界ランク100位以上

個人競技の場合はさらに厳しく、テニスの場合、賞金で生活できるのは「世界ランキング100位以内」といわれています。100位だと賞金が4000万円程度もらえますが、それだけだと飛行機代やホテル代、スタッフの給料でほとんどなくなります。テニス関係者の話では、余裕ができるのは「世界各国の大きな大会に招待されるようになる60位以内」だそうです。

それ以下では、スポンサーがつくなどの「副収入」がなければ、国際試合には出場できません。テニススクールで教えて給料をもらう「レッスンプロ」などで、収入を得る選手もたくさんいます。

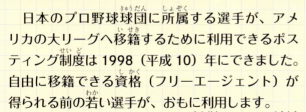

大谷翔平選手が利用した、ポスティング制度

日本のプロ野球球団に所属する選手が、アメリカの大リーグへ移籍するために利用できるポスティング制度は1998（平成10）年にできました。自由に移籍できる資格（フリーエージェント）が得られる前の若い選手が、おもに利用します。

ポスティングとは「せり」で金額を書いた封筒を提出することです。当初は、日本側の球団が移籍成立時に受け取る譲渡金の制限はありませんでした。一番高い金額を書いた球団が交渉権を得ます。イチロー選手、松坂大輔投手、ダルビッシュ有投手などがこの制度を利用して大リーグに移籍しました。

2012年に制度が変わり、譲渡金額に2000万ドル（約23億円）という上限が設けられました。日本側球団が設定した譲渡金額に応じたすべての大リーグ球団が、選手と交渉できるようになりました。この改訂された制度で田中将大投手がヤンキースに移籍しました。2017年12月、大谷翔平選手も、この制度を利用して北海道日本ハムファイターズから、エンゼルスに移籍しました。

※アメリカの大リーグ機構と日本プロ野球機構はさらにこの制度の内容を改めるように交渉して、制度の変更が行われることになっています。

巨大化する世界大会

大きくふくらむ世界大会予算

スポーツの世界大会で、とくに規模の大きなものは、オリンピックとサッカーのワールドカップです。オリンピックは参加国と出場選手数が多く、2016（平成28）年のリオ・オリンピックで206の国と地域が参加、1万1237人が参加しました。オリンピックに観客数などで匹敵するのがワールドカップです。

オリンピックは、「商業化」が始まる1984（昭和59）年のロサンゼルス大会までの参加選手は5000人前後でしたが、その後急増して、1996年アトランタ大会で1万人を突破しました。

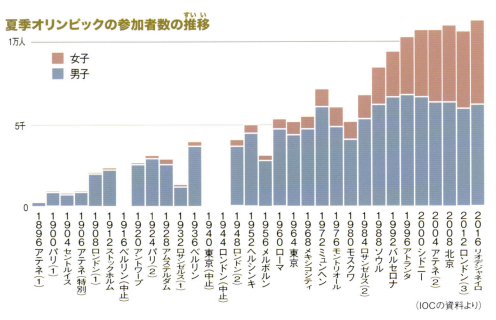

夏季オリンピックの参加者数の推移
（IOCの資料より）

2020年の東京大会では、どのくらいの参加者数になるのかな？

予算の数倍にもふくらむ大会費用

規模が大きくなりすぎた反省から、最近のオリンピックは選手数や種目数を増やさないように制限しています。21世紀に入って、選手数は1万1000人、決勝種目数は300前後で推移しています。それでも開催にかかるお金は増え続け、終わってみれば、ほとんど毎回のように予算の数倍の費用がかかっています。

2020年の東京オリンピックも、開催地に立候補したときの予算は約7000億円でしたが、実際の費用は2～3兆円にまでふくらむと予想されています。開会式会場の新国立競技場の建設費だけでも、数百億円の予定が2000億円近くに増えています。

これらの費用負担は、国によって異なりますが、スタジアムなどの大会会場や選手村（2万人近い選手・役員の宿泊施設）などの建設から道路や鉄道な

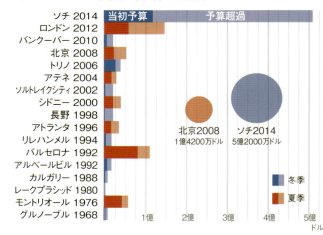

オリンピックの費用（予算と実際）
（IOC、オクスフォード大学の資料より）

ど交通手段の整備にまでおよび、開催地の重い負担になっています。とくにロンドン大会以降は、国際テロ事件の影響で、警備費用もかさむようになっています。

3章 スポーツと国際経済

オリンピックを開催したことのない州もあるね。

夏季オリンピック開催地

- 第1回 アテネ（ギリシア）1896
- 第2回 パリ（フランス）1900
- 第3回 セントルイス（アメリカ）1904
- 第4回 ロンドン（イギリス）1908
- 第5回 ストックホルム（スウェーデン）1912
- 第6回 第一次大戦のため中止 1916
- 第7回 アントワープ（ベルギー）1920
- 第8回 パリ（フランス）1924
- 第9回 アムステルダム（オランダ）1928
- 第10回 ロサンゼルス（アメリカ）1932
- 第11回 ベルリン（ドイツ）1936
- 第12回 第二次世界大戦のため中止 1940
- 第13回 第二次世界大戦のため中止 1944
- 第14回 ロンドン（イギリス）1948
- 第15回 ヘルシンキ（フィンランド）1952
- 第16回 メルボルン（オーストラリア）1956
- 第17回 ローマ（イタリア）1960
- 第18回 東京（日本）1964
- 第19回 メキシコシティ（メキシコ）1968
- 第20回 ミュンヘン（ドイツ）1972
- 第21回 モントリオール（カナダ）1976
- 第22回 モスクワ（ソ連）1980
- 第23回 ロサンゼルス（アメリカ）1984
- 第24回 ソウル（韓国）1988
- 第25回 バルセロナ（スペイン）1992
- 第26回 アトランタ（アメリカ合衆国）1996
- 第27回 シドニー（オーストラリア）2000
- 第28回 アテネ（ギリシア）2004
- 第29回 北京（中国）2008
- 第30回 ロンドン（イギリス）2012
- 第31回 リオデジャネイロ（ブラジル）2016
- 第32回 東京（日本）2020予定
- 第33回 パリ（フランス）2024予定
- 第34回 ロサンゼルス（アメリカ）2028予定

冬季オリンピック開催地

- 第1回 シャモニー・モンブラン（フランス）1924
- 第2回 サン・モリッツ（スイス）1928
- 第3回 レークプラシッド（アメリカ）1932
- 第4回 ガルミッシュ・パルテンキルヘン（ドイツ）1936
- 第5回 サン・モリッツ（スイス）1948
- 第6回 オスロ（ノルウェー）1952
- 第7回 コルチナ・ダンペッツォ（イタリア）1956
- 第8回 スコー・バレー（アメリカ）1960
- 第9回 インスブルック（オーストリア）1964
- 第10回 グルノーブル（フランス）1968
- 第11回 札幌（日本）1972
- 第12回 インスブルック（オーストリア）1976
- 第13回 レークプラシッド（アメリカ）1980
- 第14回 サラエボ（ユーゴスラビア）1984
- 第15回 カルガリー（カナダ）1988
- 第16回 アルベールビル（フランス）1992
- 第17回 リレハンメル（ノルウェー）1994
- 第18回 長野（日本）1998
- 第19回 ソルトレイクシティ（アメリカ）2002
- 第20回 トリノ（イタリア）2006
- 第21回 バンクーバー（カナダ）2010
- 第22回 ソチ（ロシア）2014
- 第23回 平昌（韓国）2018
- 第24回 北京（中国）2022予定

凡例：
- ヨーロッパ州
- 北アメリカ州
- 南アメリカ州
- アジア州
- オセアニア州
- アフリカ州

立候補辞退が相次ぐ

夏のオリンピックは約2週間。「それだけのために多額の費用をかけるのはムダではないか」、「競技施設を作るために自然環境が破壊されるのには反対」など、オリンピック開催に反対する意見も強まっています。最近では、ローマ（イタリア）、ハンブルク（ドイツ）などが、いったん決めた立候補を市民の反対により取り下げています。

2024年パリ、28年ロサンゼルスと、東京の次とその次の開催地は決まっています。しかし、32年の大会に立候補する都市が現れるのでしょうか。現在の規模でのオリンピックは、よほど経済的に豊かな大都市でないとむずかしくなっているため、大幅な見直しが必要になるかもしれません。

▲ 2020年オリンピックには東京のほか、マドリード（スペイン）、イスタンブール（トルコ）が立候補しました。1回目の投票で東京は1位通過し、イスタンブールとの決選投票で過半数を獲得し開催が決定しました。

写真：Getty Images

巨大化する世界大会
ワールドカップ複数国開催の可能性

世界最大のスポーツ大会であるオリンピックに観客数などで匹敵するのは、サッカーのワールドカップです。テレビの視聴者数ではオリンピックを上回ります。

ワールドカップは、オリンピックがプロ選手の出場を認めていなかった時代、「プロをふくめてサッカー世界一を決めたい」と始まったものでしたが、第1回の会場がなかなか決まりませんでした。ウルグアイ政府が滞在費を負担すると申し出て、なんとか開催にこぎつけましたが、こんどは大西洋を渡る交通費が払えないなどの理由で参加辞退が相次ぎ、16チームで開催する予定が13か国しか集まりませんでした。いまでは超人気のワールドカップも、最初は「もうかる大会」ではなかったのです。

その後、長いあいだ、ヨーロッパと南米を中心に出場国数16か国で開催されてきましたが、アジアやアフリカからの参加を増やすため、1982（昭和57）年のスペイン大会から24か国になりました。

規模を拡大するごとに人気も高まり、1998（平成10）年のフランス大会からは32か国の参加になりました。日本と韓国が共催した2002年の大会の1次リーグは、32か国を半分に分けて、日本と韓国、それぞれで16か国が試合をしました。

2026年大会からは出場48か国に拡大

2017（平成29）年初め、ワールドカップを主催する国際サッカー連盟（FIFA）は、2026年大会から出場国数を現在の32から48か国にすると決定しました。

1次リーグで3か国ずつ16のグループに分け、ベスト32から決勝トーナメントを行うなど、試合数は増えますが、大会期間は32日間で同じになるよう工夫をしました。

いったい、なぜ、出場国数を増やすのでしょうか？

そのねらいは、これまでサッカーがあまり盛んでない（あまり人気がない）国からも出場させて、サッカー人気を盛り上げようということのようです。

日本も、ワールドカップが24か国から32か国に拡大したとき、やっと初出場することができました。それ以来、連続出場をしています。

今後、48か国に増やす理由は、アジア・アフリカの人口の多い国のことを考えているからです。たとえば、アジアは出場枠が4か国から8か国に増やされます。ねらいの第1は、人口14億人、ワールドカップ出場1回の中国です。インドネシア（人口2億6000万人）やパキスタン（1

サッカーワールドカップ出場国数の変化

年	開催国	出場国数
2026		48か国
2022	カタール	32
2018	ロシア	32
2014	ブラジル	32
2010	南アフリカ共和国	32
2006	ドイツ	32
2002	日本／韓国	32
1998	フランス	32
1994	アメリカ合衆国	24
1990	イタリア	24
1986	メキシコ	24
1982	スペイン	24
1978	アルゼンチン	16
1974	西ドイツ	16
1970	メキシコ	16
1966	イングランド	16
1962	チリ	16
1958	スウェーデン	16
1954	スイス	16
1950	ブラジル	13
1938	フランス	15
1934	イタリア王国	16
1930	ウルグアイ	13

億9000万人）、バングラデシュ（1億6000万人）、ベトナム（9200万人）のほか現在サッカーがマイナースポーツであるインド（13億人）まで出場できるかもしれません。

大きければいいということではない

ワールドカップの拡大は良いことばかりではありません。

あまりにも大きくなりすぎると、開催地の負担が増えすぎる心配もあります。このままでは、オ

3章　スポーツと国際経済

サッカーワールドカップの開催国

リンピックと同じように、大きな国（豊かな国）でしか開催できなくなります。2002年の日韓大会のときのように、複数の国で共催することになるかもしれません。

ワールドカップのヨーロッパ版である「ユーロ（サッカー・ヨーロッパ選手権）」は、出場国を増やす一方、会場を10以上の国に分散するなどの工夫をしています。48か国に増えるワールドカップはどうなるでしょうか。

出場国が増えるために実力の差が大きくなり、一方的な試合が多くなりつまらなくなるのではという心配も聞こえてきます。せっかく出場するワールドカップが、なかみの薄いものになるとすれば残念なことです。

スポーツの利益が汚職も生む？

オリンピックやワールドカップが巨額の利益を生むようになり、集まったお金が適切に使われない例も出ています。

2015（平成27）年には国際サッカー連盟（FIFA）の役員が20人以上、逮捕される事件が起きました。ほとんどの役員が、FIFAのお金をごまかして自分のものにしていました。そのお金で、自分の国にサッカー練習場を建てた役員もいましたが、多くの役員が自分や仲間の家を建てたりぜいたくな暮らしをするために使ったといわれています。

何十億円もが不正に使われた事件のために、FIFAの会長が辞任するなど少しずつ改革も進んでいますが、事件はまだ解決していません。

オリンピックやワールドカップを開催すると地元がもうかるため、投票権のある役員を買収するという例も続いています。買収とは、お金やぜいたく品をプレゼントして（賄賂といいます）自分に投票してもらうことです。

ブラジルの捜査当局は、2016年のリオデジャネイロ・オリンピックの組織委員会が、国際オリンピック委員会（IOC）の理事に賄賂をおくって開催地に当選した可能性があると発表しています。ワールドカップも、2018年ロシア大会、2022年カタール大会のどちらも、買収の結果、開催地が決まったのでは、との疑いがもたれています。

大会を開くのにお金がかかるだけでなく、開催地に当選するために不正な工作資金を使っているとすれば残念なことです。

巨大化する世界大会

1964から2020へ

56年ぶりに東京で開かれるオリンピック。
1964(昭和39)年大会と2020年大会をデータで比べてみましょう。

東京オリンピック―1964と2020

日程	1964.10/10〜10/24	2020.7/24〜8/9
参加国・地域	93	207（予測）
選手数	5152人	約11000人（予測）
種目数	163	339
競技数	20	33
開会式当日の最高気温	20.9℃	32.9℃（予想）

（IOCの資料より）

参加国数・選手数ともに倍増

参加国・地域数は93から207（予測）に、参加選手数は5152人から約1万1000人へと、ともに2倍以上増加する見こみです。

大陸別に見ると、とくにアフリカからの参加国数が増えています。1960年代に独立をはたした国々が多いからです。たとえば、アフリカのケニアは1964（昭和39）年東京大会の前の年に独立したばかりで、オリンピックには37人が参加、陸上で銅メダル1個を獲得しました。2016（平成28）年のリオ大会では87人が参加し、男女のマラソンで優勝したほか、合計6つの金メダルを獲得してすっかり「陸上王国」になっています。

アフリカ以外でも、発展途上地域からの参加が大きく増えています。オリンピック参加国・地域数が国連加盟国数（193か国）を上回るのは、香港や「チャイニーズ・タイペイ」（台湾）など、独立していない地域や国連非加盟国も参加するためです。

とくに女子選手の参加が増加

選手数では、とくに女子選手の参加数が増える見こみです。男子も47％増えていますが、女子は8倍になっています。参加者総数が倍増しているのは、ほとんどが女子選手の増加のためです。競技でも、「女子には無理だ」と考えられていた女子マラソンなど、1964年大会にはなかった種目が増えています。

記録面では、ほとんどの種目で記録が伸ばされていますが、当時の世界記録だった男子100mの優勝タイム10.0秒を日本人が上回ったのは、ようやく2017年になってからでした。

東京オリンピックの男女別参加者数―1964と2020

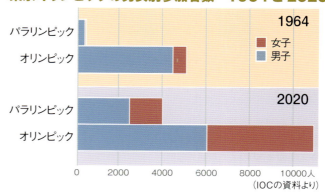

（IOCの資料より）

東京オリンピックの参加国と地域数―1964と2020

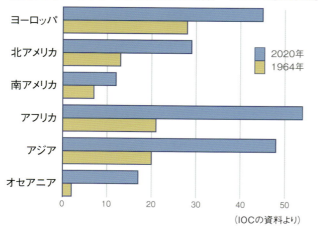

（IOCの資料より）

東京オリンピックからの記録の伸び―1964から2016

	1964優勝記録	2016優勝記録
陸上男子100m	10.0秒	9.81秒
男子マラソン	2時間12分11秒	2時間8分44秒
女子マラソン	なし	2時間24分4秒
男子走り高跳び	2.18m	2.38m
男子走り幅跳び	8.07m	8.38m

（IOCの資料より）

3章　スポーツと国際経済

おもなオリンピックの開催経費

	開催都市	開催経費	開催当時のGDP	比率
1964	東京	30億米ドル(1兆900億円)	820億米ドル	3.7%
1988	ソウル	45億米ドル	2023億米ドル	2.21%
2004	アテネ	124億米ドル	2279億米ドル	5.45%
2012	ロンドン	142億米ドル	2兆4351億ドル	0.58%
2014	ソチ	510億米ドル	2兆米ドル	2.5%

※大会運営費用と施設建設費以外の道路や通信施設などの整備費をふくむ。
(「日銀2020年東京オリンピックの経済効果」などより作成)

「国家的事業」だった1964年大会

1964年の費用は、大会運営費用と施設建設費用をあわせて265億円あまりとされています。現在の物価にして1000億円くらいでしょうか。しかし、オリンピックに間に合わせるように新幹線（開会式の9日前に東京・新大阪間が開業）や1兆円規模で高速道路などが整備され、当時は「1兆円オリンピック」とよばれました。

1兆円はGDP（国内総生産）の3.7％に当たります。文字通りの国家的事業として、オリンピックの準備がすすめられたのです。

ちなみに、家庭ゴミの定期的な処理のためのゴミ収集車が初めて走ったのもオリンピック直前。それまでゴミだらけだった東京の町が清潔になるなど、オリンピックは町や社会をも変えるものでした。

2020年の東京オリンピックは、これからの社会にどのような影響をあたえるでしょうか。

最高気温は21度と33度

2020年大会で心配されているのが夏の猛暑。1964年は開会式が10月で、この日の最高気温は20.9℃でした。2020年大会は7月から8月の、夏のもっとも暑い時期に開かれます。開会式の7月24日の平年の最高気温は32.9℃で、選手も観客も熱中症にかからないよう注意が必要な気温です。

この暑い時期にオリンピックを開くことは、開催地が東京に決定する前から決まっていました。オリンピックの最大のスポンサーのひとつ、アメリカのNBCテレビの都合で決められているものです。

比べてみよう　1964と2020の日本社会

1964年		2020年（予測）
9718万人（世界32億7800万人）	日本の人口	1億2400万人（世界76億人）
26.3%（2559万人）	14歳以下の割合	11.7%（1450万人）
6.2%（602万人）	65歳以上の割合	30.0%（3650万人）
29兆5413億円	GDP	532兆1914億円(15年)
約30万円	1人当たりGDP	約360万円(15年)
11.2%	実質経済成長率	約2%(13年)
1.1%	失業率	3.0%(17年)
23.4%（1090万人）	農林業で働く人の割合	2.9%（190万人）
360円	為替（1ドル）	99円56〜57銭(17年)
35万人	外国人観光客の数	4000万人
552km	新幹線の距離（営業km）	3041km
217.3km	高速道路総距離	9265.8km
東京タワー（333m）	日本1高いタワー	東京スカイツリー（634m）
はがき5円、封書10円	郵便料金	はがき62円、封書82円（17年）
伊藤博文（千円）、聖徳太子（1万円）	お札の肖像	野口英世（千円）、福沢諭吉（1万円）
国鉄20円	初乗り運賃	JR140円（ICカード133円）（17年）
350円	映画観覧料（大人）	1800円（17年）
白黒テレビ、洗濯機、冷蔵庫	最先端商品	介護ロボット、自動運転車
電報・電話無線、無線	情報・通信の手段	携帯電話、インターネット
当時小学生・当時中学生	東京オリンピックを2度見る人	63から68歳・68から71歳

1964年のオリンピックのときの小学生は、何歳になってるかな？

外国からのお客さんが、すごく増えているんだね。

（総務省統計局資料など）

さくいん

青字はスポーツ競技・種目名

あ

IOC（国際オリンピック委員会）
　　　　　　　　　　　　28, 31, 43
アイスホッケー………… 9, 19
ITTF（国際卓球連盟）…… 11
アマチュア…………… 28, 34
アメリカンフットボール …… 21
荒川静香………………… 25
新城幸也…………………… 9
育成組織……………19, 20, 21
石川佳純………………… 27
移籍………… 5, 6, 8, 21, 38
移籍金…………………… 38
イチロー………… 4, 33, 39
伊藤美誠………………… 27
ウィンブルドン……… 15, 38
駅伝……………………… 23
NHL（北米ホッケーリーグ）9, 19
NFL（全米フットボールリーグ）39
NBA（北米バスケットボールリーグ）
　　　　　　　　　　　　　 9, 38
F1（エフワン）……… 13, 30
大相撲…………………… 10
大谷翔平………………… 39
太田雄貴………………… 27
オーサー（ブライアン）… 25
オーナー………………… 32
大林素子…………………… 8
奥寺康彦…………………… 7
オリンピック
　　　　　　 31, 36, 40, 41, 44
オリンピック開催地 …… 41
オリンピック参加国・地域数 … 44

か

外国企業………………… 32
外国人コーチ…………… 24
外国人力士……………… 10
外国人留学生…………… 22
開催経費………………… 45
加藤陽一…………………… 8
カヌー…………………… 27
嘉納治五郎……………… 22

カレッジスポーツ……… 21
川口悠子………………… 17
冠大会…………………… 30
企業スポーツ…………… 35
キャラハン（リチャード）… 25
旭鷲山…………………… 10
久保建英…………… 19, 21
クラブ・ワールドカップ … 30
グランドスラム……… 12, 24
クリケット……………… 39
黒田博樹…………………… 4
公営競技…………… 29, 34
広告……………………… 30
広告代理店……………… 36
公式スポンサー………… 31
講道館…………………… 22
国籍………………… 11, 17
国内スポーツ総生産（GDSP）29
小平奈緒………………… 26
小山ちれ………………… 11
ゴルフ…………………11, 34

さ

佐々木主浩……………… 4
サッカー 6, 16, 19, 20, 32, 38
サッカーワールドカップの開催国 43
沢松和子………………… 15
サンウルブス…………… 9
シアトル・マリナーズ…… 33
Jリーグ…………… 6, 16, 39
実業団…………………7, 8, 35
自転車…………………… 9
射撃……………………… 25
自由契約………………… 5
柔道……………………… 22
商業化………… 28, 38, 40
賞金………… 11, 31, 34, 38
新国立競技場…………… 40
水泳……………………… 26
スーパーラグビー……… 9
スキー…………………… 13
スキージャンプ………… 14
スケート…………… 13, 26

スポーツ総生産（GDSP）…… 29
スポーツ中継…………… 36
スポーツビジネス…… 28, 38
スポーツマーケティング（市場）
　　　　　　　　　　　　28, 38
スポーツ留学……… 9, 16, 18
スポンサー
　　　 28, 30, 32, 36, 39, 45
世界ツアー……………… 12
世界ランキング……12, 24, 39
セリエA………………… 6, 8

た

大リーグ…… 4, 15, 33, 38, 39
高梨沙羅………………… 14
高見山…………………… 10
卓球………………… 11, 27
田中史朗…………………… 9
田臥勇太…………………… 9
タラソワ（タチアナ）…… 25
チャン（マイケル）……… 24
中国スーパーリーグ（卓球）… 27
ツール・ド・フランス…… 9
テニス 12, 15, 17, 24, 34, 39
東京オリンピック（1964年）22, 44
東京オリンピック（2020年）
　　　　　　 25, 26, 31, 40, 43, 44
TOEFL（英語圏の大学進学予備
テスト）………………… 18
独立リーグ……………… 5, 9
トビウオジャパン……… 26
トヨタカップ…………… 31
トレード………………… 5

な

中井卓大………………… 19
中田英寿………………… 6
中村俊輔………………… 6
錦織圭………… 12, 17, 24, 31
日豪プロジェクト2020…… 26
ネイマール……………… 38
年俸…………………… 7, 38
野茂英雄…………………… 4

ノルディック………………… 13
ノンプロ……………………… 35

は

バスケットボール…… 9, 20, 25
畑岡奈紗……………………… 34
羽生結弦……………………… 25
羽根田卓也…………………… 27
パブリック・アクセス権……… 37
バレーボール………………8, 25
ハンドボール…… 8, 20, 25
ＰＧＡ（全米プロゴルフ協会） 11
平野美宇……………………… 27
Ｂリーグ………………………… 9
フィールドホッケー………… 25
フィギュアスケート…13, 17, 25
ＦＩＦＡ（国際サッカー連盟）
　………………………… 21, 42
フェデラー（ロジャー）……… 31
フェンシング………………… 27
福原愛………………………… 27
福藤豊………………………… 9
フリーエージェント………5, 39
フリートランスファー………… 7
プロ・アマ交流……………… 35
プロ宣言……………………… 34
プロテスト…………………… 34
ブンデスリーガ………………… 7
ヘーシンク（アントン）……… 22
放映権料……………………… 36
ポスティング………………5, 39
ボスマン判決………………… 38

ま

マイナーリーグ……… 5, 15, 21
松井秀喜……………………… 4
三浦知良………………… 16, 17
三浦泰年……………………… 16
水島武蔵……………………… 16
水谷隼………………………… 27
宮崎大輔……………………… 8
村上雅則……………………… 15
村田諒………………………… 9

メッシ（リオネル）……… 21, 31
メンタル……………………… 27
モロゾフ（ニコライ）………… 25
モンゴル相撲（ブフ）………… 10

や

野球………………… 4, 15, 32, 35
野球リーグ……………………… 5
ユーロ………………………… 43
ユニフォーム………………… 30
ヨーコ・ゼッターランド（堀江陽子） 8
横浜Ｆ・マリノス……………… 33
吉原知子……………………… 8

ら

ライセンス…………………… 30
ライバル………………… 25, 26
ラグビー……………………… 8
陸上…………………………… 23
立候補辞退…………………… 41
レンタル移籍…………………… 7
ロナウド（クリスティアーノ）
　………………………… 31, 38

わ

ワールドカップ（サッカー）
　………………… 6, 36, 40, 42
ワールドカップ（スキー） 13, 14
ワールドカップ（ラグビー）…… 8
ワイナイナ（エリック）……… 23
ワキウリ（ダグラス）………… 23
ワンジル（サムエル）………… 23

図表一覧

おもな日本人大リーガー……………… 5
日本人選手がプレーした海外野球リーグ【地図】
　………………………………………… 5
日本人サッカー選手の海外でのおもな活躍 6
日本人選手がいるおもな海外サッカーリーグのある国【地図】………………………… 7
世界の強豪サッカーリーグベスト10…… 7
海外リーグに挑戦したおもなハンドボール選手 8
海外リーグに挑戦したおもなバレーボール選手 8
海外リーグに挑戦したおもなラグビー選手 9
海外リーグに挑戦したおもなバスケットボール選手
　………………………………………… 9
海外リーグに挑戦したおもなアイスホッケー選手
　………………………………………… 9
大相撲のおもな外国人力士…………… 10
Ｆ１世界選手権の開催地と開催日（決勝）/2017【地図】……………………………… 13
高梨沙羅選手の2013－14年シーズンのワールドカップとソチ・オリンピック………… 14
キング・カズ　三浦知良選手の足あと【年表】 17
体育学・スポーツ学を学ぶ人のおもな留学先【地図】………………………………… 18
日本のスポーツ総生産の内訳【グラフ】 29
ＩＯＣ（国際オリンピック委員会）の収入の割合【グラフ】……………………………… 31
おもなスポーツ選手の収入の内訳【グラフ】 31
プロ野球とＪリーグの収入構成の比較【グラフ】
　………………………………………… 32
外国人がオーナーのおもなサッカークラブ 32
横浜Ｆ・マリノスの資本構成【グラフ】…… 33
プロスポーツ選手になる方法………… 35
テレビ放映権料の上昇　サッカーワールドカップ【グラフ】……………………………… 37
テレビ放映権料の上昇　オリンピック【グラフ】
　………………………………………… 37
おもな国際スポーツ大会の視聴者総数【グラフ】
　………………………………………… 37
大きな大会の優勝賞金【グラフ】……… 38
サッカー高額移籍金ランキング【グラフ】… 39
世界のプロスポーツ年俸ランキング【グラフ】 39
夏季オリンピックの参加者数の推移【グラフ】 40
オリンピックの費用（予算と実際）【グラフ】 40
オリンピック開催地【地図】…………… 41
夏季オリンピック開催地・冬季オリンピック開催地………………………………………… 41
サッカーワールドカップ出場国数の変化【グラフ】……………………………………… 42
サッカーワールドカップの開催国【地図】… 43
東京オリンピック1964と2020………… 44
東京オリンピックの参加国と地域数－1964と2020【グラフ】……………………………… 44
東京オリンピックの男女別参加者数－1964と2020【グラフ】……………………………… 44
東京オリンピックからの記録の伸び－1964から2016……………………………………… 44
おもなオリンピックの開催経費……… 45
比べてみよう　1964と2020の日本社会… 45

監修：中西哲生（なかにし・てつお）
1969年、愛知県出身。スポーツジャーナリスト、サッカー解説者。元プロサッカー選手。「サンデーモーニング」（ＴＢＳ）「中西哲生のクロノス」（TOKYO FM等JFN系列）などテレビ・ラジオで活躍中。著書に『不安定な人生を選ぶこと』『新・キックバイブル』（いずれも、幻冬舎）『日本代表がＷ杯で優勝する日』（朝日新聞出版）、共著書に『魂の叫び　Ｊ２聖戦記』（金子達仁・戸塚啓共著、幻冬舎文庫）『ベンゲル・ノート』（戸塚啓共著、幻冬舎）など。

執筆グループ
千田 善（ちだ・ぜん）
1958年、岩手県出身。国際ジャーナリスト。イビチャ・オシム氏のサッカー日本代表就任にともない専任通訳を務める。著書『ユーゴ紛争』（講談社現代新書）、『ワールドカップの世界史』『オシムの伝言』（いずれも、みすず書房）、『ユーゴ紛争はなぜ長期化したか』（勁草書房）『世界に目をひらく』（岩崎書店）など。

西戸山学（にしとやま・がく）
1951年、大分県出身。出版社勤務を経て、フリーライター。歴史・地理関係の書籍執筆。著書『行基と大仏』（岩崎書店）など。

小松卓郎（こまつ・たくお）
1961年、北海道出身。おもに歴史・スポーツ・医学・宗教関係の編集人として書籍出版多数。

デザイン
本文／柳 裕子　表紙／村口敬太（スタジオダンク）

イラスト・図版
柳 裕子　板垣真誠　木川六秀

企画・編集・制作
キックオフプラス（小松亮一　すずきしのぶ）　倉部きよたか

写真提供
カバー・表紙：
大…ロイター／アフロ　小…PIXTA
本扉：PIXTA

スポーツでひろげる国際理解
③国境をこえるスポーツ

2018年2月　初版第1刷発行
監修者　中西哲生
発行者　水谷泰三
発行所　株式会社文溪堂

〒112-8635　東京都文京区大塚3-16-12
　　　　　ＴＥＬ　営業（03）5976-1515　編集（03）5976-1511
　　　　　ホームページ　http://www.bunkei.co.jp
印刷・製本　図書印刷株式会社
乱丁・落丁は郵送料小社負担でおとりかえいたします。定価はカバーに表示してあります。
©Tetsuo Nakanishi & BUNKEIDO Co.,Ltd　2018　Printed in Japan
ISBN978-4-7999-0258-5　NDC780　48p　293 × 215mm

スポーツのグローバリゼーションとナショナリズムがわかると、世界がわかる！

スポーツでひろげる国際理解（全5巻）

監修：中西哲生（スポーツジャーナリスト）

- スポーツを多角的な視点から紹介し、その力について考えてもらうシリーズ。スポーツの歴史がまとまって解説してあり、調べ学習のテーマとしても役立ちます。

- 2018年のサッカー、2019年のラグビーの各ワールドカップ、2020年の東京オリンピック・パラリンピック…と次々と開かれるビッグイベントでの国際交流のヒントがいっぱい。

- スポーツの楽しい面はもとより、スポーツの人種差別の歴史や、現在でも問題になっているヘイト問題など、今日的な課題も取り上げ、それをスポーツの側からどうのりこえていくか…子どもたちに考えてもらう内容です。

- オリンピック・パラリンピックをはじめとするワールドイベントで、よくいわれるスポーツ＝国威発揚といったナショナリズムの問題と、それだけではおさまりきらない、最近の海外で活躍する日本人選手や外国のチームの指導をする日本人コーチ、海外留学する日本の若者などに見られる、スポーツのグローバリゼーションの側面も捉えた内容は、子どもたちの興味関心を大いに引き出します。

- パラリンピックをはじめ、知っているようで知らない障がい者スポーツのあれこれについても子どもたちにわかりやすく解説、見るだけでなく、体験することを通じてスポーツを通じたバリアフリーについても理解を深め、他人事ではなく自分の事として考えて行動する素地を養えます。

各巻構成

A4変判
各48ページ
NDC780
（スポーツ）

1. どこでどうはじまった？ スポーツ
2. 差別をのりこえていくスポーツ
3. 国境をこえるスポーツ
4. 世界をひとつにする国際大会
   〜オリンピック・ワールドカップなど
5. 知ろう・やってみよう障がい者スポーツ